丛书编委会

大家精要
典藏版丛书

简读

王安石

顾友仁　著
张祥浩

陕西师范大学出版总社　西安

图书代号　SK24N1906

图书在版编目（CIP）数据

简读王安石 / 顾友仁，张祥浩著 . — 西安：
陕西师范大学出版总社有限公司，2024.10
　　（大家精要：典藏版 / 郭齐勇，周晓亮主编）
　　ISBN 978-7-5695-4209-7

　　Ⅰ.①简… Ⅱ.①顾… ②张… Ⅲ.①王安石
（1021-1086）—人物研究　Ⅳ.① K827=441

中国国家版本馆 CIP 数据核字（2024）第 027134 号

简读王安石
JIAN DU WANG ANSHI

顾友仁　张祥浩　著

出 版 人	刘东风
策划编辑	刘　定　陈柳冬雪
责任编辑	宋媛媛
责任校对	郑若萍
封面设计	龚心宇　张潇伊
出版发行	陕西师范大学出版总社
	（西安市长安南路 199 号　邮编 710062）
网　　址	http://www.snupg.com
印　　刷	深圳市福圣印刷有限公司
开　　本	889 mm×1194 mm　1/32
印　　张	6.25
插　　页	4
字　　数	104 千
版　　次	2024 年 10 月第 1 版
印　　次	2024 年 10 月第 1 次印刷
书　　号	ISBN 978-7-5695-4209-7
定　　价	49.00 元

读者购书、书店添货或发现印装质量问题，请与本公司营销部联系、调换。
电话：（029）85307864　85303629　　传真：（029）85303879

目　录

第1章

家世与青少年时代

王安石是我国北宋时期著名的政治家、思想家、文学家。他在宋神宗熙宁年间（1068—1077）二度拜相，实行变法，被列宁称为"中国11世纪的改革家"。为变法，他废弃儒家经典旧注，作出自己的新解释，被称为"荆公新学"。他的诗文自然、清新、流畅，为文学史上著名的唐宋八大家之一。王安石对后世的影响是多方面的，特别是他的变法，对后世的影响尤其深远和广泛。

家世与家庭

王安石的先祖出于太原，后迁徙至临川。曾祖父王明，在尚书省任职。祖父王用之，为掌管兵杖、器械、甲胄的卫尉寺助理。用之有五子，长子王益，即安石之父，幼子王孟，曾为楚州掌狱讼的司理参军，余皆早卒。王氏的起家，在安石叔祖王贯之。贯之于宋真宗咸平三年（1000）考中进士，历任汉州主管司法的推官，主管刑狱的大理寺助理，大名知县，忻州、真定府副长官，保州、深州、齐州知府，主管淮南地区司法、刑狱的提刑官，以及滁州、兴元府知府等。

王安石父辈一代人，多在江南一带做地方官。父王益，始字损之，后改舜良。少年时就以文章为地方官张公咏所赏识。宋真宗大中祥符八年（1015）考中进士，先后任建安县文书、临江军审理案件的判官、新淦知县，后改任主管刑狱的大理寺助理，又移任庐江、新繁知县，再改任掌皇帝饮食起居的殿中助理、韶州知州和掌礼仪的太常博士、主管政事的尚书省属官、江宁府副长官等职。王益在任内，关心民间疾苦，吏治严明，自律严而待人宽，注重礼义道德教育，所在皆有政绩。王益给幼小的王安石以很深的影响。王安石后来回忆其父说："先人之存，安石尚少，不得备闻为政之迹。然尝侍左右，尚能记诵教诲之余。盖先君所存，尝欲大润泽于天下，物枯槁，以为身羞。"王益不是热衷于功名利禄之人，他为官一直有功成身退的思想。宝元二年（1039）二月二十三日，王益以疾卒于江宁副长官任上，终年四十六岁。

王益一家在乡里没有什么田产，靠官俸维持生活。王家自徙临川后，世居临川城东南盐步岭。临川位于今江西省西部，于东汉置县，至宋，已是江南经济比较发达的地区。城东以溪为护城濠，有水门，因常在此地卸盐，故名盐步门。城东南为高丘，名盐步岭，是全城最高的地方，王氏故宅即在盐步岭上。由故宅北折而东百步许，有一祥符观，安石少年或在观内读书，或随大人涉水登山，不胜其乐。仁宗嘉祐二年（1057），知州裴建材又在盐步岭祥符观外侧筑拟砚台。王家世居的盐步岭，是临川城的名胜。

安石的外祖父家是临川金溪大族。外祖父吴畋，外祖母黄氏，肃静裕和，治家甚有条理，又知史书，常常辅导处士，在乡里有很高的声誉。吴畋兄吴敏，淳化三年（992）进士，任尚书省属官，为人孝友忠信，乡里称为长者。吴敏夫人曾氏，出自南丰大族，是曾巩、曾布祖父的姐妹。曾氏"于财无所蓄，于物无所玩"，广读史传，富有智慧。

安石母吴氏，好学强记，老而不倦。她考虑问题，常有别人想不到的地方，平生又很孝顺。安石兄安仁、安道非吴氏所出，但吴氏爱之胜如己出，待其母之族如己族。又悯农济贫，分人衣食。吴氏又能诗词，尝有小词《约亲戚游西池》，句云："待得明年重把酒，携手。那知无雨又无风。"

仁宗时朝廷尝数次召安石，安石坚辞。有人对吴氏说：为何不强令安石应召？吴氏回答说：士各有志，我又怎好强迫他呢？安石以不足于养为忧，有归志。吴氏劝勉说：在道义上应当离家，我是不会有不安的。吴氏的为人行事，都给安石以良好的影响。

吴氏世居金溪归德乡柘冈，离临川城三十里。柘冈周回五里，其西一里许的乌石冈，有不少木兰花。安石少年居临川时，来往于外祖父家，甚勤，一生对柘冈和乌石冈记忆极深。他的《柘冈》诗说："万事纷纷只偶然，老来容易得新年。柘冈西路花如雪，回首春风最可怜。"《送黄吉父》说："柘冈西路白云深，想子东归得重寻。亦见旧时红踯躅，为言春至每伤心。"《送彦珍》又说："握手百忧空往事，还家一笑即芳时。柘冈定有辛夷发，亦见东风使我知。"特别是乌石冈的辛夷树，即木兰，一到春天就开满白花，给他的印象尤其深刻，使他留恋不已。他的《寄吴成之》说："辛夷屋角扌
亢香雪，踯躅冈头挽醉红。想见旧山茅径在，追随今日板舆空。"《寄吉甫》说："解鞍乌石冈边坐，携手辛夷树下行。今日追思真乐事，黄尘深处走鸡鸣。"在这些诗作里，洋溢着他对柘冈和乌石冈的深情。可以说，他对外祖父家的亲情，甚于本家。

王益有子七人，女三人。前妻谢氏生安仁、安道。谢氏

早卒，后封永安县君。吴氏生安石、安国、安世、安礼、安上五子，女三人。安仁在皇祐元年（1049）考中进士，安石在庆历二年（1042）考中进士，安国在熙宁元年（1068）考中进士，安礼在嘉祐元年（1056）考中进士。

王益夫妇有三女，长女嫁尚书虞部员外郎张奎，次女嫁前衢州、西安县令朱明之，三女嫁扬州沈季长。三女皆能诗，长女尤长于此。魏泰《临汉隐居诗话》说："近世妇人多能诗，往往有臻古人者，王荆公家最众。张奎妻长安县君，荆公之妹也，佳句最多。著者：草草杯盘供笑语，昏昏灯火话平生。"王家至王益一代，已是书香门第了。

安石有子二人，女二人。长子王雱，字元泽，聪明敏悟，未冠已著书数万言，治平四年（1067）考中进士，熙宁间任教导太子的官、崇政殿侍讲，迁龙图阁直学士，三十三岁去世；次子王旁，亦早卒。长女嫁吴允子吴安持；次女嫁蔡卞。王雱、王旁均无子，后以王棣嗣王雱为过房孙，王棣在徽宗宣和四年（1122）赐进士出身。

从家世和家庭看，王氏家族并不富裕。其兴盛是在王安石一代，自王安石以后，王氏就家道中落了。

少年与青年

宋真宗天禧五年（1021）十一月十二日，王安石生于临江军府治维崧堂。当时其父王益为临江军掌刑狱的判官。由于王益在各地做官，都携眷属同行，故王安石的少年时代，皆随父在各地任上度过。宋蔡絛《铁围山丛谈》卷四说："长安西去蜀道有梓橦神祠者，素号异甚。士大夫过之，得风雨送，必至宰相；进士过之，得风雨则必殿魁，自古传无一失者。有王提刑者过焉，适大风雨，王心因自负，然独不验。时介甫丞相年八九岁矣，侍其父行，后乃知风雨送介甫也。"话虽荒唐无稽，却透露了安石随父由四川进京的事实。蔡絛是蔡京的季子，离安石年代不远，所说父子的行踪比较可信。可见王益在四川新繁任上时，安石亦随父在新繁。王益由新繁改任殿中丞，安石亦随父到京。

天圣八年（1030），王益任韶州知府，安石又随父赴韶州。韶州奇秀挺拔的山峰，清澈流泻的江水，给他留下了美好的记忆。在韶州，安石开始识字，接受启蒙教育，在这里度过了三年美好的时光。

明道二年（1033），安石十三岁，祖父卫尉寺丞王用之去世，安石随父丁忧，归临川。自此在临川生活了三年。安石自幼聪颖过人，力学不倦，又颇为自负，恃才傲物。他在《忆昨诗示诸外弟》这首诗中说："忆昨此地相逢时，春入穷谷多芳菲。短垣围困冠翠岭，踯躅万树红相围。幽花媚草错杂出，黄蜂白蝶参差飞。此时少壮自负恃，意气与日争光辉。乘闲弄笔戏春色，脱略不省旁人讥。坐欲持此博轩冕，肯言孔孟犹寒饥。"此时，他只想以诗赋去博取高官厚禄，而不把孔孟放在眼中，可见他是怎样的自负了。

少年时代王安石的思想又是多变的。景祐二年（1035），他十五岁，是时广南有少数民族犯边，而西北有赵元昊叛宋。消息传来，朝野震动，安石亦不能平静，动于中而形于外，作《闲居遣兴》说："惨惨秋阴绿树昏，荒城高处闭柴门。愁消日月忘身世，静对溪山忆酒樽。南去干戈何日解，东来驲骑此时奔。谁将天下安危事，一把诗书子细论？"《闲居遣兴》是安石现存最早的诗作。诗中说他身居盐步岭上，虽柴门紧闭，但边事不断，心情激动，他要去抵御南面的干戈和东来的铁骑。此时他所想的已不再是以诗赋去博取高官厚禄，而是以天下安危为己任了。

景祐三年，安石十六岁，父亲王益服丧结束赴京，安石又随同前往。次年，父亲调任江宁府副长官，安石又随同到江宁。到江宁后，他猛然醒悟，深感光阴易逝，时不我待。他在诗中说："男儿少壮不树立，挟此穷老将安归？"于是谢绝庆吊俗事,只以钻研学问为事,不自度"材疏命贱",而以古代的圣人后稷和契自期。可以说,安石在江宁府的这一自悟,确立了他一生学问与事业的基本方向。

宝元二年(1039),王益以疾卒于任上,葬江宁牛首山。安石此年十九岁。父亲的去世,对安石的精神打击是可想而知的。自此,安石奉母兄居丧,遂家江宁。"故畦抛汝水,新垄寄钟山。为问扬州月,何时照我还?""证圣南朝寺,三年到百回。不知墙下路,今日几荷开?"江宁成了他的第二故乡。

在江宁,安石从二兄入学为诸生,勤奋刻苦,力学不倦。此时的他,诸子百家之书无所不读,对儒家经典尤为用心。又急切求友,以期互相切磋,成贤成圣。他的《李通叔哀辞》道及这一时期的生活说:"初予既孤,寄金陵家焉。从二兄入学为诸生。常感古人汲汲于友,以相镌切,以入于道德。予材性生古人下,学又不能力,又不得友以相镌切,以入于道德,予其或者归为涂之人而已邪,为此忧惧。既而遇通叔于诸生间,望其容而色睟然类君子,既而与之言,皆君子之言也……自予之得通叔,然后知圣人户庭可策而入也。是不唯喻于其言而已,盖观其行而得焉者为多。"友贤习善,切磋学问,这是封建社会知识分子的积学修德之路,也是王安石的博学笃行之路,《宋史》本传说:"安石少好读书，一过目终身不忘，其属文动笔如飞。初若不经意，既成，见者皆服其精妙。"少年时代的王安石，其刻苦力学，才有这种过目不忘和"动笔如飞"的功力。

王安石在江宁自我感悟，以圣人自期以后，一改早年流连光景、恃才傲物的状态，谢绝世俗庆吊，苦读经典，以孔孟为意，穷六艺而入道德，终成通家大儒。

庆历元年（1041），安石服丧期满，入京应礼部试，荣登杨寘榜第四名。王珪、韩绛与其连名。以后，王安石、王珪、韩绛皆官至宰相，留下了一甲出三相的美谈。

第 2 章

地方官与京官生涯

签书淮南判官

庆历二年（1042）三月，王安石考中进士。是年秋，即被任命为签书淮南判官。淮南府治在扬州，宋代著名的宰相宋庠和韩琦都担任过扬州知府。王安石签书淮南判官，即做韩琦的幕僚。

王安石那时在扬州，单身一人，尚未成家。他不像当时一般青年知识分子那样，一踏入仕途，即废书放逸，而是在公事之余，依旧力学不已。《邵氏闻见录》载："韩魏公（韩琦）自枢密副使以资政殿学士知扬州，王荆公初及第为签判，每读书至达旦，略假寐，日已高。急上府，多不及盥漱。魏公见荆公少年，疑夜饮放逸。一日从容谓荆公曰：'君少年，无废书，不可自弃。'荆公不答。退而言曰：'韩公非知我者。'"司马光《涑水记闻》说："初韩公知扬州，介甫以新进士佥书判官事。魏公虽重其文学，而不以吏事许之。介甫数以古义争公事，其言迂阔，韩公多不从。介甫秩满去，会有上韩公书者，多用古字。韩公笑而谓僚属曰：'惜乎王廷评不在此，此人颇识难字。'"可见安石在扬州时读书之勤苦，学识之超人。

需要提到的是安石这一时期与孙侔和曾巩的友谊。孙侔，字正之，又字少述，吴兴人，一生仰慕孟子、韩愈的道德文章，行古之道，又善古文。安石认为，从俗随众的是众人，而特立独行有自己主见的是君子。君子不以时俗胜道，故其得志于君，就变时以合道。孟子不从扬墨，韩愈不随释氏，都是这样的人。当今的所谓君子，"圆冠峨如，大裾翘如，从而尧言，起而舜趋"，自以为高人一等，实在无异乎众人。而正之却以"孟韩之心为心"，如一日得志于君，将使真儒之效大白于当世。故他与正之有着心灵的相契。庆历二年闰九月，正之随兄奉亲到温州赴任，安石恋恋不舍，作送别诗说："云山参差碧相围，溪水诘曲带城陴。溪穷壤断至者谁，予独与子相谐熙。山城之西鼓吹悲，水风萧萧不满旗。子今去此来无时，予有不可谁予规？"这说明，安石与孙正之是一对诤友。孙正之后来以隐居为志，客居江淮之间，终身不仕，与安石归处不同，但二人依然保持着纯真的友谊。安石为相，过真州，与其相见，正之待之以布衣之礼。

曾巩，字子固，建昌军南丰人，长安石两岁。曾巩祖父的姐妹曾夫人是安石夫人的祖母，两家原有姻亲关系。庆历元年，安石应礼部试，曾巩游太学，二人在京相识定交。曾巩的为人学问为安石所钦佩，安石的道德文章亦为曾巩所称誉，二人相交甚深。庆历二年秋，安石签书淮南判官，曾巩落第南归，二人相别。安石"在淮南，为正之道子固"，及还江南，又"为子固道正之"。曾巩学崇《中庸》，作《怀友》一首赠安石，提出"相扳以至乎中庸而后已"，而正之亦常言及中庸，安石则作《同学一首别子固》说："夫安驱徐行，辅中庸之庭而造于其堂，舍二贤人者而谁哉？予昔非敢自必其有至也，亦愿从事于左右焉耳。辅而进之，其可也。"他们都以儒家的中庸之道相警、相勉。

庆历三年（1043），安石回临川省亲，即到南丰访曾巩。其后，二人唱和甚多。庆历五年至六年，曾巩还数次写信给欧阳修推荐王安石，可见二人相知之深。曾巩后来虽不满于王安石变法，认为安石是"勇于有为，吝于改过"，但政治上的不同见解，并不妨碍他与安石保持着深厚的友谊。

在任签书淮南判官期间，安石曾于庆历三年三月告假回乡省亲。安石此次回乡，可谓归心似箭。祭扫先人之墓，拜见祖母，会见舅父外弟，"十年萦郁，一旦释去"，无限欢喜。据安石的行踪推测，这次回乡他和吴敏的孙女吴氏成婚，吴、王两家两次联姻，在临川被称为美谈。次年即生王雱。安石此次回乡，距明道二年随父丁忧返乡已十年。十年之中，世事沧桑，物是人非。祖母虽然无恙，但已老态龙钟；当年的垂髫童孩，今已长大成人了。城郭宛然，而人事全非，这又不免使他感慨万千，唏嘘不已。特别是仲永的故事，更使他感慨有加。仲永是安石舅家金溪之民，世代为农，仲永生五年，不曾有人教他读书，忽然能作诗，文理可观，一邑之人都十分惊奇。于是邑人请他父亲喝酒，或以钱币馈赠。其父认为有利可图，每日挽仲永游于乡邑，不使其学。明道中，安石随父还家，仲永已十二三岁，令作诗已不及从前。及此次回乡，到舅家一问，才知仲永和众人没有什么区别了。这给他启迪良多。他认为，仲永的通悟，是受之于天；受之于天，固贤于众人，但如不受之于人，即经后天的努力，虽有先天的通悟，亦终究要沦为众人。受之于天的尚且如此，更不要说没有先天通悟的人了。故天道人事，人事为重，天时人谋，人谋是主。这一思想，成为王安石一生的重要哲学思想。

庆历四年（1044）八月，安石离家抵官。安石任签书淮南判官，首尾四年，至庆历五年冬，秩满离任。

任大理评事与知鄞县

王安石任签书淮南判官秩满解官后又回临川，旋赴京师。

庆历六年，居京任大理评事，即管各地案件的大理寺的属官。次年春，即调任鄞县知县。他之所以不想求试优裕的馆职，而愿意任地方官，是因为他不求地位的显要，而只想为天下百姓做一点实际的事情，这原是他的志向所在。

安石任官，对民生疾苦有很深的体验。庆历六年和七年，灾害频繁。六年五月，京师雨雹地震，六年秋至七年春，又遇罕见大旱。风调雨顺之年，百姓已是勉强度日，灾害频仍之岁，人民又将如何生活？这不能不使他忧虑。六年秋，安石奉命出京师，视察汴河，所见所闻，更增加了他的忧虑。伤时悯农、愁叹哀怜之情，每见于他这一时期的诗文。《河北民》中说："河北民，生近二边长苦辛。家家养子学耕织，输与官家事夷狄。今年大旱千里赤，州县仍催给河役。老小相携来就南，南人丰年自无食。悲愁白日天地昏，路旁过者无颜色。汝生不及贞观中，斗粟数钱无兵戎。"字里行间，伤灾悯农之情油然可见。可以说，庆历七年春，安石就是带着这种心情到鄞县赴任的："潮连风浩荡，沙引客淹留。落日更清坐，空江无近舟。共看蒹苇宅，聊即稻粱谋。未敢嗟艰食，凶年半九州。"这一年，鄞县亦大旱，安石至鄞，即忙于救灾。第二年，鄞县部分地区又"雨淫不止，民愁而令恐"。

可贵的是，安石认为人民生活痛苦，除天灾外，还有更重要的人事原因。作于此时的《秃山》就隐含着这一思想："吏役沧海上，瞻山一停舟。怪此秃谁使，乡人语其由。一狙山上鸣，一狙从之游。相匹乃生子，子众孙还稠。山中草木盛，根实始易求。攀挽上极高，屈曲亦穷幽。众狙各丰肥，山乃尽侵牟。攘争取一饱，岂暇议藏收。大狙尚自苦，小狙亦已愁。稍稍受咋啮，一毛不得留。狙虽巧过人，不善操锄櫌。所嗜在果谷，得之常似偷。嗟此海山中，四顾无所投。生生未云已，岁晚将安谋。"在这首寓言诗里，安石指出，海岛之山本来草木繁盛，但由于生活于岛上的猿猴搜求攘争不已，既不知藏收，又不会操锄，于是造成了山荒岭秃，也造成了自己的穷愁困苦。在这孤零零的海山上，如此下去，又将如何生活？安石深感官吏的侵贪是造成人民痛苦和国家积贫的根源。他的这一谴责，只能通过寓言诗的形式曲折隐晦地表达。

为了改善农业生产环境，安石动员人民兴修水利。他在《上两浙转运使杜学士开河书》中说："鄞之地邑，跨负江海，水有所去，故人无水忧，而深山长谷之水，四面而出，沟渠浍川，十百相通。长老言钱氏时置营田吏卒，岁浚治之，人无旱忧，恃以丰足。营田之废，六七十年，吏者因循，而民力不能自并，向之渠川，稍稍浅塞，山谷之水，转以入海而无所潴……故今之邑最独畏旱，而旱辄连年。是皆人力不至，而非岁之咎也。某为县于此，幸岁大穰，以为宜乘人之有余，及其暇时，大浚治川渠，使有所潴，可以无不足水之患。而无老壮稚少，亦皆惩旱之数，而幸今之有余力，闻之翕然皆劝趋之，无敢爱力。夫小人可与乐成，难与虑始，诚有大利，犹将强之，况其所愿欲哉！窃以为此亦执事之所欲闻也。"安石一面向转运使报告他的开河计划，一面又作实地调查，具体指导农民浚治渠川。庆历七年（1047）十一月，他从县城出发，先至万灵乡左界；二十七日，登鸡山，观楔凿石，遂入育王山；三十日，下灵岩，渡石秋之壑以望海，计划在海滨作斗门；十二月二日，至芦江，临决渠之口；三日，登天童山察看；次日一早，上山望玲珑岩，又至东吴，坐船向西夜行；天明泊舟堰下，早饭后过五峰，又行十多里，半夜至小溪；一早察看新渠和洪水湾，下午到林村；第二天劝诚桃源、清道二乡乡民浚治渠川。安石此次出县实地调查，发动浚治渠川，"凡东西十有四乡"，可以说是夜以继日，不辞辛劳。

安石把修水利看成"肉食者"即为官者的责任，其记浚治渠川的诗说："灵场奔走尚无功，去马来车道不通。风助乱云阴更密，水争高岸气尤雄。平时沟洫今多废，下户京困久已空。肉食自嗟何所报，古人忧国愿年丰。"水利失修，沟洫多废，农业凋敝，下户困空，因此他把兴修水利看成父母官的最大责任。

安石在鄞县为政，以便民为务。庆历八年，浙东路转运使禁盐，令吏民出钱购人捕盐，安石上疏谏阻。他认为，海旁之盐，虽日杀人而禁之，势不可止。况且重诱人民使相捕告，势必造成县狱囚满为患；而人民陷刑者一多，就会有无赖之徒无端生事。鄞县虽为大邑，但所谓大户，田多者不过百亩，少者不满百亩，而数口之家，生养送死，皆自田出，州县所需，又出其家。方今田桑之家，钱币尤缺，而责令吏民出钱购人捕盐，必然会造成卖田应债，难免破产。这样的办法，绝不可行。他反对禁私盐，因为禁私盐虽于政府有利，但于民不便。他认为，官吏原是人民所养，穷民而富官，这是最下等的治术；为官一方，应该是富民而不是穷民。他的一首《寓言》诗说："父母子所养，子肥父母充。欲富推其子，惜哉术之穷。霸者擅一方，窘彼足自丰。四海皆吾家，奈何不知农。"

安石在鄞县，还对贫民实行借贷。庆历七年，他在青黄不接、民户生活最困难之际，把县里粮仓里储存的粮食借贷给贫民，让他们在秋天收成之后加息偿还，而公家的陈粮也得以以陈换新。这亦是他在鄞县同情民生疾苦的实际行动。

除兴修水利、贷谷与民以外，安石还很重视兴学。余姚知县谢景初认为，兴修水利，治理农桑，为之堤防沟浍渠川以御水旱之灾，以及兴学校，使人民相与习礼乐，这是地方官的两件大事，安石深以为然。但北宋的学校，除京城太学以外，地方州县之学，大都废毁。王安石说：即令存者，"而学之士，群居族处，为师弟子之位者，讲章句、课文字而已。至其陵夷之久，则四方之学者，废而为庙，以祀孔子于天下，斫木抟土，如浮屠、道士法，为王者象。州县吏春秋帅其属释奠于其堂，而学士者或不豫焉"。学废庙兴，学士在地方地位卑下，这是当时州县的普遍现象，鄞县亦如此。安石到鄞县的第二年，就以孔子庙为学校，重整县学，以教养县子弟，并请当时很有名望的越中隐士杜醇先生主持县学。他在《请杜醇先生入县学书二》中说："君不得师，则不知所以为君；臣不得师，则不知所以为臣。为之师，所以并持之也……信乎其为师之重也。"尊师重教，亦是他在鄞县的主要政绩。

皇祐二年（1050），安石在鄞县任期已满，离任回临川。离鄞时，他依依不舍，一步三回头。作于此时的《离鄞至菁江东望》诗说："村落萧条夜气生，侧身东望一伤情。丹楼碧阁无处所，祇有溪山相照明。"《登越州城楼》说："浮云缥缈抱城楼，东望不见空回头。人间未有归耕处，早晚重来此地游。"《铁潼浦》说："忆昨初为海上行，日斜来往看潮生。如今身是西归客，回首山川觉有情。"这些诗作都表达了他对鄞县的深厚感情。

通 判 舒 州

皇祐三年秋，王安石任舒州通判。

此前，宰臣文彦博向朝廷推荐王安石说："殿中丞王安石，进士第四人及第。旧制，一任还，进所业求试馆职。安石凡数任，并无所陈；朝廷特令召试，而亦辞以家贫亲老。且文馆之职，士人所欲，而安石恬然自守，未易多得……并乞特赐甄擢。"于是朝廷欲任安石以馆职，而安石推辞。在京官和地方官之间，王安石宁愿选择后者。

所谓通判，即州府的副长官。安石在舒州任上，仍以兴修水利、整治农桑、救灾济贫为务。就在安石到任的那年秋天，正是"江淮连年荒欠""千里旱暵，及时不雨，农夫悼心，郡将失色"的时候，安石一面以旱情上报，一面发富室之藏，贷于贫民。《王文公文集》卷四有《与孟逸秘校手书》十封。在手书里，他认为发富民之藏以济贫民，是"损有余以补不足"的天之道。手书二说："昨日以旱事奉报，既而且以书抵王公，言今旱者皆贫民。有司必不得已，不若取诸富民之有良田得谷多而售数倍之者。贫民被灾，不可以不恤也。"又劝孟逸秘校深入村邑，力行救济。他说："然闻富者之藏，尚有所闭而未发者。窃以谓方今之急，阁下宜勉数日之劳。躬往隐括而发之，裁其价以予民。'损有余以补不足'，天之道也。"

这些措施是他在鄞县任知县时已实行过的，在舒州推行起来，更得心应手。

安石在舒州，由于与人民有比较多的接触，对民生的疾苦、官吏的腐败有很深的体验。他在这一时期的诸多诗作，深刻地反映了民与官的对立，如《舒州七月十七日雨》说："行看野气来方勇，卧听秋声落竟悭。淅沥未生罗豆水，苍茫空失皖公山。火耕又见无遗种，肉食何妨有厚颜。巫祝万端曾不救，只疑天赐雨工闲。"《感事》说："贱子昔在野，心哀此黔首。丰年不饱食，水旱尚何有。虽无剽盗起，万一且不久。特愁吏之为，十室灾八九。原田败粟麦，欲诉嗟无赇。间关幸见省，笞扑随其后。况是交冬春，老弱就僵仆。

州家闭仓庾，县吏鞭租负。乡邻铢两征，坐逮空南亩。取赀官一毫，奸桀已云富。彼昏方怡然，自谓民父母。"正因为看到民间的疾苦、贪官的凶残，作为一个地方官，安石时常有一种自责、愧疚的心情。他的《感事》诗说："谒来佐荒郡，懔懔常惭疚。昔之心所哀，今也执其咎。乘田圣所勉，况乃余之陋。内讼敢不勤，同忧在僚友。"《寄题睡轩》说："王官有空谷，隐者常栖迟。拂榻梦其人，亦足慰所思。嗟予久留连，窃食坐无为。浩歌临西风，更欲往从之。"安石在愧疚、自责之余，又想到了改制。和当时的一些进步思想家如先前的李觏、同时的张载一样，他也想到井田制。他把社会贫富的对立、人民的疾苦看成井田制被破坏、土地兼并的结果，而不知道土地兼并和两极分化乃是封建社会的必然规律。他的《发廪》诗说："先王有经制，颁赉上所行。后世不复古，贫穷主兼并。非民独如此，为国赖以成。筑台尊寡妇，入粟至公卿。我尝不忍此，愿见井地平！"这种"愿见井地平"的思想，可以说是安石在地方官生涯中形成的最重要的社会思想。以后，他虽然没有坚持"井地平"的社会理想，但企图用政府专制的力量抑制兼并，这成为他在熙宁年间实行的变法的指导思想。以政府的力量抑制兼并，其实是以政府的兼并代替民间的兼并。王安石不知道政府的兼并比民间的兼并更恶，给人民带来的痛苦更深。这就使他的变法必以失败而告终。

至和元年（1054），安石舒州任满回京。离开舒州，他不仅是留恋，更重要的是有一种失落感，这或是因为他感到自己没有解除舒州百姓的疾苦，没有在舒州留下显著的政绩。他的《别皖口》诗说："浮烟漠漠细沙平，飞雨溅溅嫩水生。异日不知来照影，更添华发几千茎。"《过皖口》说："皖城西去百重山，陈迹今埋杳霭间。白发行藏空自感，春风江水照衰颜。"《别灊皖二山》说："乡垒新恩借旧朱，欲辞灊皖更踌躇。攒峰列岫应讥我，饱食穷年执礼虚。"

为群牧判官

王安石舒州任满回到京城，朝廷授以集贤校理。所谓集贤校理，任务是在集贤院收藏校勘典籍等，集贤院与史馆、昭文馆合称三馆，加上秘馆，总称崇文院。当时人们把这些地方称为储才之所。在这些部门供职，是向上爬的捷径，故进入集贤院须经考试。任命书下达后，安石以亲老家贫、难住京师，上书四辞。于是朝廷在九月间改授安石为群牧判官。群牧判官的职责是指导检查全国各地的养马场和养马监。命令下来，安石犹力辞不已，经欧阳修劝谕，方才就职。

安石此次任群牧判官前后有两年多时间。其间，嘉祐元年（1056）十二月，曾任提点开封府界诸县镇公事。在这两年多的时间里，他并不安心，请求外任达十多次。安石为什么不安心在京师供职，而一再要求离京任地方官呢？这当然不是因为亲老家贫、难住京师。如果是家贫，则在外任的待遇未必好于京师。由于王安石屡言亲老家贫，朝廷亦曾多方照顾。其真正原因是在京供职，不论是集贤校理还是群牧判官，都是闲职。虽然可以优游卒岁，舒舒服服，还可以就近爬到统治阶级的上层，但安石与别人不同，他之踏入仕途，不是图个人优厚的俸禄，而是以道为己任，"因吏事之力，少施其所学"。至和二年（1055），他在《答钱公辅学士书》中提出，取一甲科通判，只要粗知辞赋，即使是市井小人，都可以做到。这是不足道的，更谈不上荣父母而光门庭。士之出，重要的是行道，苟不能行道，虽贵为天子，富有天下，亦足使父母羞。在《通州海门兴利记》里，他又提出，士之出，能像蠡之吏那样，竟其学，治好一邑，利泽一方，就是一个有志之人，皆可以表彰。王安石不像当时的世俗之士那样，以做地方官为无出息，而是把它看成实现其惠利百姓的理想的最好机会。因此，在京担任闲职，无所事事，对他来说最为痛苦。安石这一时期的诗，都表现了无所作为的痛苦心态。如《强起》说："寒堂耿不寐，辘辘闻车声。不知谁家儿，先我霜上行。叹息夜未央，呼灯置前楹。

推枕欲强起，问知星正明。昧旦圣所勉，齐诗有鸡鸣。嗟予以窃食，更觉负平生。"他始终想着出京外任，也始终忘不了以前的京外之任。《与平甫同赋槐》诗说："冰雪泊楚岸，万株同飘零。春风都城居，初见叶青青。岁行如车轮，荫翳忽满庭，秋子今在眼，何时动江舻？"冬去春来，春去秋来，安石写这首诗时，在京供职虽已一年，可他依然想着江舻动水，离京外任。

嘉祐二年（1057），安石终于请得外任，就任常州知州。五月离京，七月到任。安石调知常州，掩饰不住内心的欣喜，赋《冲卿席上得字》说："二年相值喜同声，并辔尘沙眼亦明。新诏各从天上得，残樽同向月边倾。已嗟后会欢难必，更想前官责尚轻。黾勉敢忘君所勖，古人忧乐有违行。"此时，与安石同为群牧判官的吴充亦改任。"新诏各从天上得，残樽同向月边倾"，这该好好地庆贺一番了。

知常州和提点江南东路刑狱

安石一到常州，即开始视事。当时的常州，郡守数易，又加水旱，州事纷冗。安石在《谢执政启》中说：这个地方，远离朝廷，田地荒芜，守将数换，政令又使百姓无所适从，吏卒弄权，肆无忌惮，如果一切照旧，上面不给以特别的关照，又如何能够改变？又在《谢提转启》里说：在这样一个穷陋地方，官员频频更换，吏卒困于迎送，百姓苦于听断，没有相当的时间加以整顿，要想作出让上面满意、百姓得到实惠的政绩，是不可能的。他想在常州好好地干下去，以取得成绩。

安石了解到苏、常一带有水患为灾，在担任常州知州的这年秋天，他就着手开运河，以疏导水势。但是这次开河之役却因转运使消极办事、秋雨不止以及督役者生病，以致半途而废。《宋史·司马旦传》说："时王安石守常州，开运河，调夫诸县。旦言役大而亟，民有不胜，则其患非徒不可就而已，请令诸县岁递一役，虽缓必成。安石不听，秋大霖雨，民苦之，多自经死，役竟罢。"

对于此次开河的失败，安石的心情是复杂的。他一方面是愧疚，对外界因他开河失败而议论纷纷亦不怨恨；另一方面又有很多感慨，深憾方今士大夫之因循苟且，无意于为，事情所以成功少而失败多，问题往往就在这里。

安石的这一心情，也多见诸这一时期的诗，如《即事六首》第三首说："怀王自堕马，贾傅至死悲。古人事一职，岂敢苟然为。哭死非为生，吾心良不欺。滔滔声利间，绛灌亦何知。"这种因河役的失败而来的愧疚，在他是情不由己的，悟及成事的困难，也是深切的，但他并没有因此放弃兴修水利、整治农桑的念头。次年，他改任提点江南东路刑狱。在赠接任知常州的沈康的诗里，他提及常州"沟塍川半废田畴薄，厨传相仍市井贫"的情况，他只有期待新任知州沈康去改变了。

嘉祐三年（1058）二月，安石任提点江南东路刑狱。提点刑狱的任务是掌管辖区内的司法、刑狱，以及举劾有关人员，监察地方官吏等。当时江南东路刑狱的治所在饶州，即今江西鄱阳。安石到任后，即巡视辖区，到过江宁、当涂、青阳、宁国、鄱阳、浮梁、信州、饶州、弋阳、玉山等处，足迹遍及今天的苏南、皖南、江西等地，长行千里，风尘仆仆。他在《寄沈鄱阳》诗里说："离家当日尚炎风，叱驭归时九月穷。朝渡藤溪霜落后，夜过麾岭月明中。山川道路良多阻，风俗谣言苦未通。唯有鄱君人共爱，流传名誉满江东。"可见其经岁奔波、路途劳顿。

安石一路巡视，访问民间疾苦，奖掖人才。在监察官吏方面，安石与一般提点刑狱不同，他认为对官吏应以教育为主，而不应以惩罚为上。当今之世，官吏因循守旧，养交取容成俗，如不能一道德以同天下之俗，而以重罚为手段，则必刑重而所治者少。故他一路巡行数千里，所罚者仅五人。他在写给王深甫的信中说："某尝以谓古者至治之世，然后备礼而政刑……方今之理势，未可以致刑。致刑则刑重矣，而所治者少，不致刑则刑轻矣，而治者多，理势固然也。一路数千里之间，吏方苟简自然，狃于养交取容之俗，而吾之治者五人，小者罚金，大者才绌一官，而岂足以多乎？工尹商阳非嗜杀人者，犹杀三人而止，以为不如是不足以反命。某之事，不幸而类此。"

嘉祐四年春，安石被召还朝廷，是年秋被任命为三司度支判官。

入为度支判官

嘉祐四年秋，安石入朝为三司度支判官。三司是北宋最高财政机构。度支判官是其属官，掌财政、收支等事务。在任期内，他提出了对茶法改革的建议。茶在北宋已成为人民生活的必需品，如同食盐一样，不可或缺；同时是出口西北地区，换取马匹的重要物资。如同对食盐的控制一样，北宋政府实行榷茶制度，全国除川陕广南等地，因茶产量少，听民自行买卖、任其出入外，其余地区茶叶的产销皆由政府加以控制。其主要形式有三：一为交引法，许商人在京师纳钱，发给文券，即所谓交引，凭引到主管茶务部门领茶。二为贴射法，令商人贴纳官府专卖的利润，给券为据，由商人凭券向茶农买茶出售。三为茶引法，官府征收商人专卖税，发给茶引，商人凭引向茶农买茶出售。总之，茶叶由官府特许的茶商销售，凡私自贩运者一律治罪。但是这样的制度弊病很多，茶既有利，违禁私贩者不断，由是告讦纷纷，狱讼不断，且政府控制下的茶叶贩运和买卖，由于转折运送的环节过多，以致茶叶的质量很差，价格很贵。因此，实行榷茶以来，屡起茶法之议。天圣元年（1023）正月，朝廷曾命三司使李咨等更定茶法，不能如意。天圣三年，又令翰林侍读学士孙奭等评定。嘉祐四年春，茶法之议又起，朝廷命韩绛、陈旭、吕景初即三司置局议弛茶禁，又令司封员外郎王靖等人分行六路，征询各地意见。安石反对由官府特许的茶商销售茶叶的做法，在《茶商十二说》中，他指出这样做有十二种弊端，为害甚广。他赞赏朝廷遣使到各地访问茶法利害，主张所在自行贩卖，由国家收税均赋茶户。

安石的这些意见，均被朝廷所采纳。他的《议茶法》说："夫茶之为民用，等于米盐，不可一日以无，而今官场所出皆粗恶不可食，故民之所食大率皆私贩者。夫夺民之所甘，而使不得食，则严刑峻法有不能止者，故鞭扑流徒之罪未尝少驰，而私贩、私市者亦未尝绝于道路也。即罢榷之之法，则凡此之为患，皆可以无矣。然则虽尽充岁入之利，亦为国者之所当务也，况关市之入，自足佐昔之利乎。"改行使民自贩、征收茶税的办法，既去掉了茶叶质量粗恶不可食，以及狱讼繁多等弊病，而国家赋税收入亦不比原来为少。这说明罢榷茶之法是行之有效的。可惜的是在熙宁年间，安石推行新法，又对川茶加以征榷。安石执政以前，比较多地考虑民众的利益，而执政后，则比较多考虑政府的利益，故有前后对榷茶态度的不同。

安石为京官，以其言直而切，不为执政所喜。但他与同僚则有着很深的友谊，特别是和陈和叔。陈和叔当时在掌礼乐的太常礼院任职，住在开封皮场街，住处有园数亩，中有二墩，北户临沟，以小木桥通街，旁做小屋，毁辒车为盖。王安石常过小桥，与陈和叔在车盖屋下吃饭，随所有无，坐卧墩上，笑语连夜，如此三年。至嘉祐七年（1062）陈和叔以丁忧而去，二人才分手。

应该说，安石政治思想体系的形成，是在任度支判官的几年之内。此时，他生活于北宋上层统治者之中，与统治阶级的上层人物有着广泛的接触，又有二十年的地方官经历，正是这些条件，使他的政治思想进入成熟时期。代表他政治思想的《上仁宗皇帝言事书》（又称"万言书"）以及《材论》《取材》《兴贤》《委任》《知人》《谏官》《风俗》《阅习》《进说》《原教》等杂著都作于这一时期。

王安石提出了他的改革方案：以法理财，以才行法。他在《度支副使厅壁题名记》中强调："夫合天下之众者财，理天下之财者法，守天下之法者吏也。吏不良，则有法而莫守；法不善，则有财莫理；有财而莫理，则阡陌闾巷之贱人，皆能私取予之势，擅万物之利，以与人主争黔首，而放其无穷之欲，非必贵强桀大而后能。如是而天子犹为不失其民者，盖特号而已耳。虽欲食蔬、衣弊，憔悴其身，愁思其心，以幸天下之给足而安吾政，吾知其犹不行也。然则善吾法，而择吏以守之，以理天下之财，虽上古尧、舜犹不能毋以此为先急，而况于后世之纷纷乎?"安石所谓的理财以法或理财以道，即发展生产，不仅要节其流，而且要开其源，只要开其源，天下没有患财用不足之理。现在天下所以公私皆以困穷为患，就因为未能开其源。这也就是他知鄞县时所说的："富其家者资之国，富其国者资之天下，欲富天下则资之天地。"只是，在以后的熙宁改革中，他的这一思想又走了样。

安石此时明确提出，三司应把以法理财作为中心任务，并以此判别三司官员的贤与不肖。他说："三司副使，方今之大吏，朝廷所以尊宠之甚备。盖今理财之法有不善者，其势皆深以议于上而改为之，非特当守成法，奉出入，以从有司之事而已。其职事如此，则其人之贤不肖，利害施于天下如何也！观其人，以其在事之岁时，以求其政事之见于今者，而考其所以佐上理财之方，则其人之贤不肖，与世之治否，吾可以坐而得矣。"

特别应提到的是《上仁宗皇帝言事书》，这篇洋洋万言的上皇帝书，提出了他政治改革的基本思路。

首先，王安石在这篇万言书中概括了北宋王朝面临的积贫积弱的严峻形势："顾内则不能无以社稷为忧，外则不能无惧于夷狄，天下之财力日以困穷，而风俗日以衰坏，四方有志之士諰諰然常恐天下之久不安"，而所以如此，根源在朝廷不知法度。王安石所说的法度，是制度层面上的法度，而不是刑法层面上的法度，是指善法善政方面的法度，而不是弊法弊政意义上的法度。为此，他提出改弦更张，效先王之法，行先王之政。而要明法度，关键又是众建贤才。安石指出，北宋政府正面临着一个人才危机，不仅在朝人才稀少，在野亦是人才稀缺，他强调治国固然需要善法，但若无人才，善法不能推行，甚者官吏从中为奸，善法反而会骚扰百姓。因此，人才不足，欲改易更革天下之事，是不可能的。

王安石认为，今之天下，亦古之天下，古者天下人才济济，而今之天下，岂有独不足之理？问题是要陶冶得其道。商纣之时，天下大乱，在位者贪毒祸败，皆非其人。及文王起，陶冶天下之才，使之皆有士君子之才，然后随其才而用之。及至西周末年，夷、厉之乱，天下之才又尝罕见。至宣王起而用仲甫，推其类以新美天下之士，而后天下人才复众。于是宣王内修政事，外讨叛逆，尽复文武之业。故人之才，在于人主陶冶而成。

在万言书中，安石提出了教之、养之、取之、任之四个陶冶人才的环节。他指出："夫教之、养之、取之、任之，有一非其道，则是以败乱天下之人才，又况兼此四者而有之？则在位不才、苟简、贪鄙之人，至于不可胜数，而草野间巷之间，亦少可任之才，固不足怪。"如此下去，是很危险的。汉之张角，三十六方同日而起，而天下郡国，莫能发其谋；唐之黄巢，横行天下，而所至将史，莫敢与之抗。汉唐灭亡，就始于人才殆尽，奸邪当路。及至五代，武夫用事，贤者伏匿，在位者无复知君臣之义、上下之乱，故终五代，变置社稷，有如弈棋之易。当世如不能陶冶人才，则难免重蹈汉、唐、五代的覆辙。故不能不虑之以谋，计之以数，为之以渐，勉之以成，断之以果，而成天下之才。在安石看来，陶冶人才，这就是宋王朝的当务之急。

安石这一时期形成的改革思想，特别是《上仁宗皇帝言事书》所表达的改革思想是他熙宁变法的思想先导。但在仁宗朝，他却没有被重用，他的改革思想，也没有得到实施的机会。

伴送北使回国

王安石入朝任三司度支判官期间,曾于嘉祐五年(1060)春,奉诏伴送契丹使臣回国。

自真宗朝以后,宋和契丹在新年或皇帝、皇太后生日时都要派使臣互致问候。祝贺新年的使臣,称正旦使;祝贺皇帝和皇太后生日的使臣,称生辰使。嘉祐四年秋,宋廷派沈遘为正旦使,高继芳为副使,赴契丹祝贺新年。而契丹亦于此年冬派出正旦使向宋皇帝、皇太后祝贺新年。安石此次就是送契丹正旦使回国,前后历时一月有余,行程数千里。

应该说,冬春之际北行,是很辛苦的。安石的《余寒》诗说:"余寒驾春风,入我征衣裳。扪鬓只得冻,蔽面尚疑创。士耳恐犹坠,马毛欲吹僵。牢持有失箸,疾饮无留汤。瞳瞳扶桑日,出有万里光。可怜当此时,不湿地上霜。冥冥鸿雁飞,北望去成行。谁言有百鸟,此鸟知阴阳。岂时有必至,前识圣所臧。把酒谢高翰,我知思故乡。"诗中所描述的就是路途的寒冷和辛苦。

一路上,安石看到由于屡受契丹蹂躏,宋朝北方一片荒凉,他的心情十分沉重。黄河边上的澶州,一水流过,把城分为北城和南城。契丹入寇,北城首当其冲,由是荒凉如边塞；南城有黄河阻隔，少遭破坏，南北迥异。而靠近河北的安阳地面，更是荒凉破败。《愁台》诗说："颓垣断堑有平沙，老木荒榛八九家。河势东南吹地坼，天形西北倚城斜。倾壶语罢还登眺，岸帻诗成却叹嗟。万事因循今白发，一年容易即黄花。"所见所闻，都唤起了他的爱国情感。

过澶州，他想起了寇准。景德元年（1004），契丹入寇，宋真宗召群臣议御戎之策。王钦若劝帝幸金陵，而陈尧叟则劝帝幸蜀。寇准力排众议，劝帝亲征。真宗从寇准请，驾幸澶州。时契丹兵势方盛，臣僚乞请驻跸南城，寇准请求过河，说："陛下不过河，则人心危惧，敌气未摄，非所以取威决胜也。"因此真宗渡河，左右山呼万岁，士气大振，后又以伏弩射杀契丹贵将顺国王挞览，契丹不得不奉书请盟。安石身临其地，触景生情，对寇准发出了"丞相莱公功第一"的由衷的赞叹。

北行路上，他看到飞雁纷纷，江湖寻食，又想起了苏武和张骞。汉武帝天汉元年（前100），苏武奉命持节出使匈奴，被匈奴扣留。匈奴多方威逼利诱，劝苏武投降，后来又把他迁到北海牧羊。苏武历尽千辛万苦，留匈奴十九年而持节不屈。汉昭帝时，匈奴与汉和亲，苏武才获释回朝，后官居典属国。张骞则于汉武帝建元二年（前139）奉命出使大月氏，到大月氏、大宛、康居等国，途中曾两次被匈奴拘留，前后达十一年之久。元朔三年（前126）因匈奴内乱，他才得以脱身回国，后封博望侯。有人羡慕苏武、张骞的官爵，而不知他们的许国精神，这就颠倒了本末。王安石的《飞雁》诗说："雁飞冥冥时下泊，稻粱虽少江湖乐。人生何必慕轻肥，辛苦将身到沙漠。汉时苏武与张骞，万里生还值偶然。丈夫许国当如此，男子辞亲亦可怜。"

安石深叹达官贵人只以自己的身家性命为重，荣华安逸是求，在强敌面前，只知苟且偷安，全不以国家为念，在胡人抓紧校猎演武的冬季，他们都只知取暖过冬。他的《秋露》说："日月凋何急，荒庭露送秋。初疑宿雨泫，稍怪晓霜稠。旷野将驰猎，华堂已御裘。空令半夜鹤，抱此一端愁。"

当时，宋廷在河北一带开沟挖塘，广植树木，以期阻挡胡马南下。皇祐五年（1053），冀州刺史郭咨上《平燕议》，又重新提出"塞水""川防"这些措施。安石虽想在整体上扭转宋和契丹在国力上的对比，以期根本改变敌我形势，并不主张消极的防御，但他也不反对这些措施。在他看来，既然未能曲突徙薪，焦头救火亦是一功。他只反对因循守旧，苟且偷安。

安石此次伴送北使的最后一站是涿州。涿州在宋与契丹分界线的北面，属契丹，是五代石敬瑭割让给契丹的幽蓟十六州的一州。北使在这里"引刀取肉",以"稻饭粱膳""山蔬野果"招待王安石。原来的汉地却成了番土,此情此景,不能不使他感慨万端。他的《涿州》诗说:"涿州沙上望桑干,鞍马春风特地寒。万里如今持汉节,却寻此路使呼韩。"

可以说,安石是带着十分沉重的心情回国的。自从石敬瑭将涿州割给契丹后,北宋虽然想收复,可是一败再败,再也没有能力收复失去的国土。想起这些,安石不能不激愤和伤心,他的《出塞》说:"涿州沙上饮盘桓,看舞春风小契丹。塞雨巧催燕泪落,蒙蒙吹湿汉衣冠。"

嘉祐五年(1060)二月,安石返回京城。

就任知制诰

嘉祐五年四月,朝廷召王安石为同修起居注,职责是记录皇帝言行起居。王安石不想接受,以资历浅为辞,连写了十多道辞状请求辞免,直至不得已而受。嘉祐六年六月,朝廷又召王安石为知制诰,其职责是替皇帝起草诏令、制文等等。也许是有感于此前屡辞同修起居注有负皇恩,这一次他爽快地接受了。

知制诰是一个清闲的重要职务,虽说无多大实权,但因其能接近皇帝，地位十分重要。王安石在任知制诰期间，因生活在统治阶级的上层圈子，对上层社会的因循守旧、苟且偷安有着更深切的感受。他在《上时政书》中说："臣窃观自古人主享国日久，无至诚恻怛忧天下之心，虽无暴政虐刑加于百姓，而天下未尝不乱。自秦已下，享国日久者，有晋之武帝、梁之武帝、唐之明皇。此三帝者，皆聪明智略有功之主也。享国日久，内外无患，因循苟且，无至诚恻怛忧天下之心，趋过目前，而不为久远之计，自以祸灾可以无及其身，往往身遇祸灾，而悔无所及。虽或仅得身免，而宗庙因已毁辱，而妻子固以困穷，天下之民，固以膏血涂草野，而生者不能自脱于困饿劫束之患矣。"王安石在这里指出，自秦以下，晋之武帝、梁之武帝、唐之明皇，都是聪明智略之主，享国日久之君，但此三帝，皆以天下无事、内外无患为满足，因循苟且，只图目前，而无久远之计，自以为祸灾可以无及于身，而不知大乱即生于自满自足之中。故晋武帝身后有八王之乱，梁武帝末世有侯景之变，而唐明皇晚年有安史之祸。时仁宗在位将近四十年，自以为太平有加，苟且因循，无为度日，不知长久之计。这种情况，与晋武帝、梁武帝、唐明皇是有共同之处的。王安石以晋、梁、唐之三帝为鉴，指出了当前的政治危机，是颇为大胆的。王安石又说："夫因循苟且，逸豫而无为，可以侥幸一时，而不可以旷日持久。晋、梁、唐三帝者，不知虑此，故灾稔祸变，生于一时，则虽欲复询考讲求以自救，而已无所及矣。以古准今，则天下安危治乱，尚可以有为。有为之时，莫急于今日，过今日，则臣恐亦有无所及之悔矣。"这些意见，虽然始终没有被仁宗理解和采用，但这一时期王安石对北宋政治的感受，却催化了他在熙宁执政后的改革。

在任知制诰的几年中，王安石还曾多次被派充任考试官，他的《试院中》说："少时操笔坐中庭，子墨文章颇自轻。圣世选材终用赋，白头来此试诸生。"说的即是充任考试官的生活。

对于朝廷以赋取士，王安石是深为不满的。他的《详定试卷》说："童子常夸作赋工，暮年羞悔有扬雄。当时赐帛倡优等，今日论才将相中。细甚客卿因笔墨，卑于《尔雅》注鱼虫。汉家故事真当改，新咏知君胜弱翁。"王安石的这一首诗，明显地表示了对诗赋取士的不满，亦孕育着他在执政后对贡举制度的改革。

居丧江宁与知江宁府

嘉祐八年（1063）八月，安石母卒于京师，十月葬蒋山。安石解官归江宁。依古制，父母之丧，为子者须谢绝人事，不沾酒肉，以致其哀戚，居官者须解职，以满二十五个月为期，谓之三年之丧。英宗治平二年（1065）七月，安石服丧期满，朝廷召他还京，安石上状三辞。治平四年闰三月，朝廷命安石知江宁府。神宗熙宁元年（1068）四月，安石奉召离开江宁。他这次居江宁共有五年之久。

安石居丧江宁，尝聚徒讲学。他对教学极为重视。当时胡瑗提倡以仁义礼乐为学，在吴中讲学，以其教学得法，规模悉备，弟子众多，倾动天下，嘉祐间为天章阁侍讲，并主持太学。安石对胡瑗叹慕之至，尝作诗相赠，认为胡先生安贫乐道，教导后生，是天下豪杰之魁。而安石的聚徒讲学，堪与胡瑗媲美。据邓广铭先生《北宋政治改革家王安石》一书的考证，王安石的学生有陆佃、龚原、李定、蔡卞、侯书献、郑侠等人。

陆佃（1042—1102），字农师，号陶山，越州山阳人。于熙宁间考中进士，后官至国子监直讲。虽从学于王安石，但不赞成王安石新法。在哲宗初为吏部副长官，参与修撰《神宗实录》。徽宗时官至吏部尚书。

龚原（生卒年不详），字深父，处州遂昌人。嘉祐后期中进士，历国子直讲、掌礼仪的太常博士等。曾辅助王安石改革学校法，著有《易法》《论语孟子解》。王安石文集中有多封与龚原的论学书，安石并以他为友，可见二人关系密切。

李定（1027—1086），字资深，扬州人。中进士后历任地方官。熙宁初任掌收藏、校勘典籍的集贤校理，赞同王安石变法。熙宁末知明州，元丰初为知制诰，元祐间又出任地方官。

蔡卞（1058—1117），字元度，兴化仙游人，为安石婿。熙宁间中进士，历官记录皇帝言行的起居舍人、掌规谏的同知谏院等。与王安石关系密切。哲宗绍圣四年（1097）官尚书左丞，徽宗时被贬池州。

侯书献（1023—1076），字景仁，抚州宜黄人。庆历进士，官至两浙尚平使。熙宁间代主管水政的都水监丞，颇有政绩。

郏侨（*生卒年不详*），昆山人。其父郏亶，嘉祐进士。以知晓水利，为王安石所赏识。

王安石居江宁，除面授经术以外，还不断作书回答学生与各地学者来书问学。韩求仁来书问以《诗》《书》《语》《孟》《易》义，安石作《答韩求仁书》一一就所问作答。龚深父问以《语》《孟》，安石作《答龚深父书》和《再答龚深父〈论语〉〈孟子〉书》。除讲学之外，安石还勤于著述，《洪范传》和《淮南杂说》都是这一时期所写。安石的这些讲学和著述活动，为尔后"王氏新学"的传播奠定了基础。当今学者认为这是新学传播的第一阶段。

应该指出的是，在江宁的几年，是王安石最有闲暇的几年。其间除治平四年（1067）短暂担任过知府以外，他没有政务缠身，毋须为吏治繁忙，有更多的时间登山游水。江宁是江南形胜之地，虎踞龙盘，人文荟萃，又是六朝古都、南唐都城。身居江宁，对于一个政治家来说，不能不有兴亡感叹。这一时期，他写了大量的诗词，特别是写了很多怀古诗，抒发对于历史兴亡的感慨。他的《南乡子》词说："自古帝王州，郁郁葱葱佳气浮。四百年来成一梦，堪愁。晋代衣冠成古丘。绕水恣行游，上尽层城更上楼。往事悠悠君莫问，回头。槛外长江空自流。"登高望远，往事悠悠。眼前虽青山依旧，江水长流，但人事长谢，兴亡相续，六朝旧迹，南唐往事，几代繁华，均不复存在。这是不能不令人感慨万端的。

安石探讨了历代王朝兴亡的原因：兴，在人不在天；亡，也在人不在天。历代开国的君主，或起自方国，或出自民间，无不严于律己，明于用人，勇于对敌，由此开创基业，成就功名。及继体之君，只知尽享荣华富贵，过着荒淫无耻的生活，由此败亡相继，悲恨相续。他的《金陵怀古四首》其一说："霸祖孤身取二江，子孙多以百城降。豪华尽出成功后，逸乐安知与祸双。东府旧基留佛刹，后庭余唱落船窗。黍离麦秀从来事，且置兴亡近酒缸。"在这首诗里，安石把人主的逸乐享受看成亡国亡家的原因。他的《桂枝香》词说："登临送目，正故国晚秋，天气初肃。千里澄江似练，翠峰如簇。归帆去棹残阳里，背西风，酒旗斜矗。彩舟云淡，星河鹭起，画图难足。念往昔，繁华竞逐，叹门外楼头，悲恨相续。千古凭高，对此谩嗟荣辱。六朝旧事随流水，但寒烟衰草凝绿。至今商女，时时犹唱，后庭遗曲。"如今六朝旧事已像流水那样过去了，南唐的繁华也似烟消云散，可是历史的教训又有几个人能记取呢？那些烟花歌女，不是时时还在唱着陈后主招致亡国的后庭遗曲吗？王安石在金陵期间的这种感受，深深影响着他熙宁年间的变法。熙宁二年（1069）五月，他上《进戒疏》，劝谏神宗放郑声、远佞人，戒耳目之欲，自爱以成德，自强以赴功："若夫人主虽有过人之材，而不能早自戒于耳目之欲，至于过差，以乱其心之所思，则用志不精；用志不精，则见理不明；见理不明，则邪说诐行必窥间乘殆而作。则其至于危乱也岂难哉？"在安石看来，对于神宗这样的青年皇帝来说，更应深戒耳目之欲，自爱自强，否则就难免有败亡的危险，这原是历史的教训。

熙宁元年初，王安石应召回京城，四月，始至京师。不久，即以翰林学士被召越次入对。他离开江宁前赋诗说：

"北山云漠漠，南涧水悠悠。去此非吾愿，临分更上楼。"他不想离开江宁，江宁是他先人丘墓所在，他对江宁的感情至深至厚。

第3章

熙 宁 执 政

越次入对与参知政事

治平四年（1067）正月，英宗崩，神宗即位。神宗在为太子时，已闻人称誉王安石，"由是想见其人"。及即位，即任王安石为翰林学士。不久即召安石入对。安石看到神宗是有所作为之君，诏至后，他虽留恋江宁，但还是很快起身赴京。

应该说，安石对这次被召是欢愉的，他抱着改革的希望来到京城。这从他当时所写的诗里可以看出，其《出金陵》说："白石冈头草木深，春风相与散衣襟。浮云映郭留佳气，飞鸟随人作好音。"又《泊船瓜洲》说："京口瓜洲一水间，钟山只隔数重山。春风又绿江南岸，明月何时照我还?"其心情之欢愉、轻快，洋溢于字里行间。

王安石生活的时代，是充满社会危机的时代。北宋王朝与前朝不同。例如唐朝，是经由农民起义的洗礼后开国的，开国后王朝实行均田制，人民占田相对均匀。人民有田好耕，也有税好交，社会上下层就较稳定，这就是所谓新朝气象。北宋王朝不同，它是通过政变的方式建立的，五代以来土地占有不均的社会矛盾没有得到解决。而且，从一开始，北宋王朝一直陷入"三冗"，即冗兵、冗员和冗费之中，以致财政枯竭、国力衰敝。加之在与北方的辽和西北的西夏打了几次败仗以后，又不得不对辽和西夏采取屈辱妥协的政策，岁输白银和大量的物资，以换得苟且偷安，这又加重了王朝的财政危机。为改变这一局面，庆历以后的士大夫都纷纷提出自己的改革主张。在仁宗朝还出现了范仲淹的庆历改革，只是这次改革行之不久即告失败。

如上所述，王安石是一个有系统改革思想的政治家。他到京师后，即向神宗和盘托出自己的改革主张和方案，这就是效尧舜，破末俗，立法度。《续资治通鉴长编纪事本末》卷五九记载，安石越次入对，神宗问为治所先，安石对以取法尧舜，而不能取法唐太宗。因为唐太宗"所知不远，所为不尽合法度，但乘隋极乱之后，子孙又皆昏恶"，所以见称后世。而尧舜所为，"至简而不烦，至要而不迂，至易而不难"，唯有取法尧舜，才能功成业立，名重后世。在这里，他向神宗陈述的就是托古改制的改革方略。

神宗问以本朝所以享国百年、天下无事之故，安石退而著书，上《本朝百年无事札子》，详为剖析。安石认为，太祖有独见之明，又周知人物，指挥付托，无不得宜，变置施设，无不当务，故能驾驭将帅，训练士卒，外捍夷狄，内平中原。又除苛赋，止虐刑，废藩镇，诛贪官，躬行勤俭，以百姓为事。而太宗承之，真宗守之，仁宗、英宗皆无逸德，所以宋能享国百年而天下无事。但是，由于本朝只求无过，不求有功，只求太平，不求进取，只求因循，不求有为，故风俗日坏，弊端丛生，在无事中孕育着有事，在太平中萌生乱机。安石的《本朝百年无事札子》在指出当前朝廷的种种弊端时，言之沉痛，有如贾谊的《治安策》。事实证明，安石执政后所推行的种种法规法令，都是为纠正这些弊端而来。

应该说，神宗不是一个专爱听好话的皇帝，他需要的是改革的方略。神宗曾以边事问宰相富弼，富弼的回答是："陛下即位之初，当布德行惠，愿二十年不言'用兵'二字。"这无异是给神宗当头一盆冷水。而安石的议论与之恰成鲜明的对比。因此，神宗对安石的信任日深，曾对安石说："卿可谓责难于君矣，然朕自视眇然，恐无以副卿此意。可悉意辅朕，庶几同跻此道！"而安石亦对神宗寄予无限的期望，他的《作翰林时》诗说："习习春风拂柳条，御沟春水已冰消。欲知四海春多少，先向天边问斗杓。"《宰嚭》说："谋臣本自系安危，贱妾何能作祸基。但愿君王诛宰嚭，不愁宫里有西施。"

熙宁二年（1069）春二月，神宗以安石为参知政事。在宋代的官职中，参知政事虽是副宰相，但其权位并不亚于宰相，可以与宰相轮班知印，同升政事堂。更何况安石又深得神宗信任，故在事实上，其职权远远比任宰相的富弼重要。安石任参知政事后，即着手实行改革。他首先创设了制置三司条例司，议行新法；熙宁二年七月，立淮、浙、江、湖六路均输法；九月，颁行青苗法；十一月，颁立农田水利法；熙宁三年十二月，又立保甲法。以后又相继推出贡举法、免役法、市易法、方田均税法等。

尽管新法初行，时论纷纷，但总的来说，神宗对他是信任的。熙宁三年十二月，神宗以安石为同中书门下平章事，即任安石为宰相。他的《王安石宰相制》说："朕取其知道者深，倚以为相者久，兹合至公之首，肆扬大命之休。若作室，用汝为垣墉；若济川，用汝为舟楫。予有违而汝弼，汝有为而予从。"可见神宗对王安石的倚重。

这一时期，王安石的精神亦昂扬振奋。他的《除日》诗说："爆竹声中一岁除，春风送暖入屠苏。千门万户瞳瞳日，总把新桃换旧符。"又《次韵冲卿除日立春》说："犹残一日腊，并见两年春。物以终为始，人从故得新。迎阳朝翦彩，守岁夜倾银。恩赐随嘉节，无功祇自尘。"以终为始，从故得新，这是自然社会的普遍规律。唯有以"新桃"换"旧符"，人间才充满生机，富有气象。从这两首诗里，我们看到王安石进入执政生涯后，决心把改革推行下去，对前途充满了希望。

制置三司条例司

王安石推行熙宁新法，始于熙宁二年二月创设制置三司条例司。

宋朝统治者为了强化专制主义制度，在建国之初对唐以来的中央政府机构进行了改革，形成了二府三司的行政体制格局。二府，一是政事堂，又称"中书门下"，简称"中书"，这是国家最高行政机构，其长官为宰相；二是枢密院，又称"枢府"，这是国家最高军事机构，长官为枢密使，官品与宰相相同。三司指盐铁司，职掌工商收入和军器；度支司，职掌财政收入和漕运；户部司，职掌户籍财赋和专卖等。

三司是国家最高财务机构，长官为三司使，又称"计相"，地位仅次于宰相。宋代的政事堂、枢密院和三司互相独立，不相统属，而又互相牵制，它们分别向皇帝负责。这种格局有利于皇帝对政、军、财的全面控制和操纵，加强了专制主义的统治。

但是，这种政事堂、枢密院和三司三足鼎立，互不统属的行政制度，其缺陷也是明显的：政事堂主政，不知军事和财政出入；枢密院主兵，不知政事和国计民生；而三司主财，不知政事和兵事。这就必然导致政出多门，影响中央政府决策和处理政务的一致性。王安石变法既然以富国强兵为目标，就涉及财政和兵制的改革问题，其议法和行法的任务，很难单由政事堂、枢密院或三司来担当。这就要求打破现有的行政格局，创设一个指导议法和执法的机构。在这种情况下，就产生了制置三司条例司。制置三司条例司不是一个行政机构、财务机构或军事机构，而是一个超越于政府、枢府和三司之上的机构。

制置三司条例司初创时是由王安石和陈升之同领的。时陈升之为枢密使。数月，陈升之拜中书门下平章事。既已拜相，他就请免条例司。其理由是，宰相无所不统，所领职事，岂可称司？安石认为："古之六卿，即今之执政，有司马、司徒、司空，各名一职，何害于事？"升之反驳道："若制置百司条例则可，但令制置三司一官则不可。"从表面上看，陈升之此时与王安石的争议是制置三司条例司该不该称司的名称之别，实际上陈升之是对条例司的职权超越于宰相之上感到不悦。因为陈升之这时是宰相，宰相无所不统，不应该有一个超越于宰相职权之上的机构存在。陈升之地位的变化，决定了他对条例司态度的变化，由是陈升之与王安石相忤，称疾归卧逾十旬。熙宁二年（1069）十一月，神宗命韩绛和王安石同领制置三司条例司。

王安石设立的制置三司条例司具有立法机构的性质。《宋史·职官一》说："制置三司条例司，掌经画邦计，议变旧法以通天下之利。"《宋史·吕惠卿传》说："及设制置三司条例司，以为检详文字，事无大小必谋之，凡所建请章奏皆其笔。"说明条例司是议立新法的机关，起草向皇帝提出新法的建议。熙宁二年七月，条例司即立淮、浙、江、湖六路均输法；十一月，又颁农田水利法；熙宁三年正月，又颁青苗法；四月，又提出散青苗钱，必须根据各地情况，不可为一定之法，"欲令有司因民缓急，量入为出，各随其时，不拘以数"，对青苗法作出补充说明，如此等等。条例司又是推行新法的机构，肩负实施新政的任务。熙宁二年四月，应条例司之请，朝廷遣刘彝、谢卿材、侯叔献、程颢、卢秉、王汝翼、曾伉、王广廉八人巡行诸路，察看农田、水利、赋役等方面的情况。王安石《乞制置三司条制》说："所有本司合置官属，许令辟举，及有合行事件，令依条例以闻，奏下制置司参议施行。"这都证明，条例司又是行法机构。

但是，制置三司条例司在熙宁三年五月即被罢废。神宗罢废条例司的理由是设置它的目的已达到。其实这只是一个由头，问题是，条例司既不从属于政事堂和枢密院，又不从属于三司，就变成凌驾现存政府机构之上的特殊机构，对于颁立新法来说它是必要的，但它又与当时的政府机构相矛盾。如果这一设置继续存在，势必打破政事堂、枢密院和三司三足鼎立、互相牵制，以利皇帝全面控制政府机构的格局。大约神宗也是认为这样名不正言不顺，所以他早就想罢废它了，只是怕伤王安石的心，才迟迟降诏。

制置三司条例司罢废后，其议行新法的任务，就转移到司农寺。

朝 廷 政 争

王安石推行新法，激起在朝反对派的强烈对抗。可以说，安石的执政生涯，是在与反对派的较量中度过的。

熙宁二年二月，安石创设制置三司条例司，即引起轩然大波。御史吕公著谓制置三司条例司"名不正言不顺，言不顺事不成"，累奏乞罢条例司。侍御史刘述等上疏谓条例司"侵三司利柄，取为己功""惊骇物听，动摇人心"。谏议大夫、参知政事赵抃谓条例司遣使天下，人情惊扰，物论喧哗，乞罢去。侍御史知杂事陈襄谓设条例司是兴利之谋，乞罢去归属三司。苏轼谓条例司"造端宏大，民实惊疑；创法新奇，吏皆惶惑"。司马光亦谓条例司权侵三司，设之于名不正。特别是御史吕诲，不仅谓条例司商榷财利，动摇天下，而且还罗织安石十大罪状，谓之"大奸似忠，大诈似信""外示朴野，中藏巧诈，骄蹇慢上，阴贼害物"，有如少正卯"言伪而辨，行僻而坚，顺非而泽，强记而博"，又似唐代奸臣卢杞，邪恶非常，天下共知，唯德宗不知，用之必误天下苍生，乞罢安石。

当此之时，新法尚未推行，而满朝汹汹若此，这也许是安石所始料不及的。于是他上疏乞辞位。神宗没有同意，封还他的奏疏，令视事如故，并罢吕诲，让他出知邓州。可以说，此后每一新法的颁立施行，都遭到反对派的强烈反对。

熙宁二年（1069）九月，青苗法先在河北、京东、淮南等路施行，次年正月向诸路推行。还在青苗法刚出台时，苏辙就表示反对。他认为以钱贷民，"出纳之际，吏缘为奸，虽有法不能禁。钱入民手，虽良民不免非理费用；及其纳钱，虽富民不免违限。如此则恐鞭笞必用，州县多事矣"。及至施行后，更是议论纷纷。御史范镇向神宗提出，青苗法与富民借贷比较，其刻剥百姓只是五十步与一百步的区别。司马光认为行青苗法必使富者贫，贫者尽。毕仲游认为，青苗法是"名为厚民，实乃剥下；名为惠民，实有利心"。赵抃认为安石行青苗法，"强辩自用，动辄忿争，以天下之公论，为流俗之浮议，顺非文过，违众罔民"。李常认为散青苗钱，"流毒四海，又州县有钱未尝出而徒使民入息者"。陈襄谓散青苗钱，"此法一行，骚动天下"，又亏陷官本。张戬言散青苗钱"取利为害"，弹劾王安石"处事乖谬，专为聚敛，好胜遂非，刚愎日甚"，而吕惠卿险薄奸凶，乞正严诛。曾几度推荐过安石的欧阳修亦上疏反对青苗法。

满朝异议纷纷，这不能不影响神宗的思想，神宗对安石说："人情如此纷纷，奈何？"熙宁三年二月，河北安抚使韩琦上疏言散青苗钱是"官自放钱取息，与初诏相违"。神宗说：韩琦真是忠臣，虽在外，犹不忘王室。我开始认为青苗钱可以利民，想不到竟这样坑害民户！随后王安石苦心辩说，不起作用，终至晓谕执政罢青苗钱。于是安石上表求去，神宗不许，命司马光答诏。司马光在草拟的答诏里，通篇充满着责备安石之辞，这是安石所不能接受的，于是他抗章自辩。神宗反悔，命吕惠卿谕旨留安石，又把韩琦疏付制置三司条例司，令曾布疏驳刊石，颁之天下。此年三月，吕公著、张戬、孙觉、程颐、李常等人因反青苗法，都相继被贬官。这场反青苗法的风波，就这样过去了。

在免役法问题上的斗争比青苗法更激烈。免役法是在熙宁二年十二月由条例司提出建议，熙宁三年下半年至熙宁四年上半年试行讨论，后颁行全国推广的，前后经过了整整两年时间。这期间，苏辙激烈反对。他认为，役人之不可不用乡户，犹官吏之不可不用士人。因为乡户"有田以为生，故无逃亡之忧，朴鲁而少诈，故无欺谩之患"。而出钱雇役，则是"用浮浪不根之人"，"用浮浪不根之人"则"掌财者必有盗用之奸，捕盗者必有窜逸之弊"。司马光则断言，推行免役法，其为害必甚于散青苗钱。苏轼则在上神宗的万言书中认为："自古役人必用乡户，犹食之必用五谷，衣之必用桑麻，济川之必用舟楫，行地之必用牛马，虽其间或有以它物充代，然终非天下所可常行。"

熙宁四年五月十四，围绕免役法的斗争更进一步激化。时东明县农民以县定助役钱不当、任意超升农户等第，数百户农民到开封府申诉。开封府不受，农民又突入安石私第，经安石解释说明，方才散去。借助这一事件，御史中丞杨绘上疏论免役法有五不便："民难得钱，一也；近边州军奸细难防，二也；逐处田税多少不同，三也；耆老雇人则盗贼难止，四也；专典雇人则失陷官场，五也。"与杨绘同声相应的是御史刘挚，他上疏论免役法有十害：一、天下各路户籍，役之轻重不同，今以统一的标准去定役钱，必为害。二、新法以旧籍不可靠，而重立等第，必骚扰生事，为害不浅。三、本来上户役重而下户役轻，新法以上、下户皆出钱，必优上户而苦下户，为害甚大。四、新法欲多得雇钱，必超升下户为上户，农户必不堪受。五、岁有凶平，而新法不据丰凶纳钱，必然为害。六、农户无钱，纳钱必以货换钱，造成物贱钱贵。七、已有两税，再加役钱，造成农户负担过重。八、收纳之际，为奸吏造成舞弊的机会。九、官自雇人，"雇直不重则不足以募，不轻则不足以给，轻之则法或不行，重之则民不堪命"。十、雇役只能得轻猾浮浪奸伪之人，难免失陷官物，如此等等。刘挚的十害论，可以说是集一切反免役法之大成。

安石组织了对杨绘、刘挚的反击。他布置在司农寺任职的曾布出面，作《十难》加以反驳，并配合曾布的反驳，又劝神宗诏令杨绘、刘挚分析答辩。杨、刘二人亦不示弱，杨绘具录前后论免役法四奏以自辩，指斥曾布挟与安石为姻亲之势，公然不顾朝廷纲纪，障蔽言路，并责备神宗专任王安石，王安石又专任曾布，而曾布又刚愎自用。刘挚亦上书自辩，斥责曾布误王安石，而王安石又误神宗。熙宁四年

（1071）夏，这一场关于免役法的争论，由于神宗对安石的支持，以杨绘罢御史中丞，出知郑州，刘挚被免去原职，出为监衡州盐仓而告终。

保甲法的推行，亦是如此。自熙宁三年十二月保甲法颁行后，司马光等人就激烈反对，他在《乞罢保甲状》中说："畎亩之人，忽皆戎服执兵，奔驰满野，见者孰不惊骇？"又说："夫夺其食衣使无以为生，是驱民为盗也；使比屋习战，劝以官赏，是教民为盗也；又撤去捕盗之人，是纵民为盗也。谋国如此，果为利乎？害乎？"刘挚亦上疏反对保甲："昨者团结保甲，是时西边用兵，法令一出，民间惊骚，至今忧惑而未宁。"应该说，在熙宁新法中，神宗对保甲法最为动摇。安石创保甲法，一是想以此强化社会治安，二是想将农变兵，增强抵御外侮的力量。对于这一目标，神宗是向往的，但他又怕将民变兵造成事变，对他的专制统治不利，故屡屡欲罢保甲法。

在保甲问题上，安石为神宗分辨理论，最费心力。熙宁四年六月，人称府界保甲未善，神宗动摇。安石说神宗道：大抵创立法度便利人民，在大利中也不能没有小害，如果想人人都喜欢，只有利而无害，就是圣人也做不到。不光是圣人，就是天地也是这样。熙宁五年七月，有人在封丘县北门张贴匿名榜诋毁保甲，神宗又心动意摇，安石又说神宗道：

陛下聪明睿智，几代才出一人。只是一有奸人蛊惑就动摇，现在十万数民众中扇动蛊惑的也不过一人而已。昨天听说已经捕获扇动纠集的人了，也不过二十多人，以十七县十数万家而被扇动惊疑的才二十来人，不可说多。自古做事，不可能做到使上下都一致。熙宁七年四月，神宗又以久旱忧见容色，凡辅臣进见，未尝不叹息，欲尽罢保甲诸法。安石又说神宗道：水旱之灾是常有的，即使尧和汤的时代都不能免，陛下即位以来连年丰收，现在碰上旱灾，只要修人事，就可以应付天灾。可以说，在保甲问题上，安石一直是推着神宗走的。

至于市易法，亦是时论纷纷，特别是当时任枢密使的文彦博，反对尤烈。熙宁五年冬，文彦博即以"华山崩裂"事件反对市易法，认为"华山崩"是市易司差官自卖果实所致。熙宁六年春，他又上疏说："凡衣冠之家网利于市，缙绅清议尚所不容，岂有堂堂大国皇皇求利，而不为物议所非者乎？斯乃龙断之事，聚敛小臣希进妄作，侵渔贫下，玷累朝廷，乞赐详择。"

但是，令安石大伤脑筋的，还不是文彦博等人的反对，而是神宗对推行市易法的摇摆不定。熙宁五年十一月，神宗以市易务卖果实太繁细，欲罢之。安石说神宗道："陛下谓其繁细，有伤国体，臣愚窃谓不然。今役官监酒，一升亦卖，役官监商税，一钱亦税，岂非细碎？人不以为非者，习见故也……泉府之法，物货之不售，货之滞于民用者，以其价买之，以待买者，亦不言几钱以上乃买。"熙宁六年正月，在文彦博上疏乞罢市易司后，安石又说神宗道："陛下近岁放百姓贷粮至二百万，支十斗全粮给军，一岁增费，亦计数十万缗，以至添选人俸、增吏禄、给押纲使臣所费又有百万缗，天下愚智孰不共知陛下不殖货利？岂有所费如此，而乃于果实收数千缗以规利者？直以细民久困于官中需索，又为兼并所苦，故为立法耳。"神宗无疑是要广收利钱以富其国，但又怕背上"聚敛"的坏名声，故在设市易务问题上踌躇不进，犹豫不决。安石引经据典，既想以此塞反对者之口，又欲用以坚定神宗施行之意。

总之，在熙宁变法期间，王安石是在夹缝中前行。

熙 河 之 役

宋代的熙河，治所在熙州（**今甘肃临洮**），辖区相当于今甘肃境内黄河流域和青海境内湟水流域。这一带原为吐蕃唃厮啰所据，唃厮啰死后，其子董毡占有黄河北部地区，另一子瞎毡据有黄河南部地区。瞎毡死，其子木征立，辖有河州、洮州、岷州等地。对于饱受西夏李氏政权威胁的宋王朝来说，这一地区对于钳制西夏有至关重要的作用。

宋神宗熙宁初，嘉祐进士、时任建昌军司理参军的王韶，经过实地考察后，向朝廷上《平戎策》，提出制服西夏的策略。王韶认为，重要的是先夺取河湟地区，使西夏人有腹背受敌之忧。王韶的这一建议，得到宋神宗的赏识。熙宁四年，宋神宗、王安石委任王韶为秦凤路沿边安抚使，处理军务和治安。

此年春夏之际，王韶采用招抚手段，使青唐（**今青海西宁地区**）蕃族俞龙珂部落归服宋廷，并在古渭寨（**今甘肃陇西一带**）置市易务，以官钱为本，控制蕃汉贸易养兵。熙宁五年又败蕃族木征军，收复武胜军，在旧城建镇洮军，并更名熙州。

对于王韶的胜利，当时朝廷反对派不以为然，他们认为是劳民伤财的事，即使西蕃归服宋廷，于制止西夏亦无所补。王安石则不这么看，他认为西蕃归服则可以断西夏右臂，故对王韶的胜利，怀着喜悦之情，并指示王韶在武胜筑城和置市易务。熙宁六年二月，王韶率众攻克河州（**今甘肃临夏**），俘获木征的老婆和孩子。王安石又作书与王韶，进一步提醒王韶勿以多杀为务，而应采取德战为上的方针招抚诸羌。所以如此，不仅在于调和内部，还在于借其力以防西夏。熙宁六年九月以后，王韶以招抚为上的方针，连降岷州

（今甘肃岷县）、洮州（今甘肃临潭）、宕州（今甘肃宕昌）、叠州（今甘肃卓尼），这就是史书所谓的熙河之役。此役对于积贫积弱、在对辽和西夏的战争中屡屡败北的宋王朝来说，确是一个不小的胜利。

熙宁六年十月，宋神宗在紫宸殿接受群臣庆贺，并解下所佩玉带赐给王安石。这该是对王安石运筹帷幄的最高奖赏。宋神宗无疑是把熙河之役的胜利归功于王安石。

任用王韶取得熙河之役的胜利，是王安石在熙宁执政期间的重要作为。他在熙宁五年十二月的《上五事书》中说："今陛下即位五年，更张改造者数千百事，而为书具，为法立，而为利者何其多也。就其多而求其法最大、其效最晚、其议论最多者，五事也，一曰和戎，二曰青苗，三曰免役，四曰保甲，五曰市易。"王安石所说的和戎，即指熙河之役，他显然是把和戎看作与四法同样重要。只可惜，熙河虽然已经平定，但取西夏的目标却没有达到。

设 置 经 局

设置经局，重新解释儒家经典的经义，是王安石熙宁执政时期的又一项重要工作。

王安石显然对汉唐以来的经传注疏不满，他认为这些注疏其实是掩盖了先王之意。在《谢除左仆射表》中说：在孔子、孟子的时代，异端虽然存在，但六经的精义尚未丧失，经过秦始皇焚书以后，六经逐渐失去了源流之正，章句之文掩盖了质朴的精神，淫辞邪行逐渐炽盛，而妙道至言渐渐隐没。在王安石看来，汉唐以来的经传之家显然是以辞害意，以注害义的。

熙宁四年二月，王安石罢诗赋及明经诸科，以经义论策试士。有感于传统的传注有害经义，为了给太学提供统一的新教材，王安石于熙宁六年三月设置经局，由他本人提举，王雱、吕惠卿参与修撰。经局的工作在取得一阶段的成果后，即进奉神宗，由神宗提供群臣讨论。

熙宁七年（1074）四月，王安石乞解机务、出知江宁府期间，依然领衔经局的工作。他的《经局感言》诗说："自古能全已不才，岂论骐骥与驽骀。放归自食情虽适，络首犹存亦可哀。"这一首诗即言他虽罢相出知金陵，但没有完全摆脱朝廷事务所作的自嘲诗。

王安石在经局的最后成果，是完成了《三经新义》，即《周礼义》《诗义》和《书义》。其中《周礼义》是王安石亲撰。他在《周礼义·序》中说："士弊于俗学久矣，圣上闵焉，以经书造士。乃集儒臣，训释厥旨，将播之学校，而臣某实董周官。"《诗义》《书义》则出自其子王雱之手，王安石参与训释。

熙宁八年六月，经局以《三经新义》颁之学官而结束。经局从设立至罢局，前后共两年四个月。

第一次罢相

在熙宁政治斗争十分激烈的时刻，安石虽然为改革一一筹措，但他的心态也是极度矛盾的。一方面他对反对派予以坚决反击，或将他们降官，或将他们逐出京城。为了所谓"一道德"的目标，他执意推行新法，表现了相当的执拗。他的《众人》诗说："众人纷纷何足竞，是非吾喜非吾病。颂声交作莽岂贤，四国流言旦犹圣。唯圣人能轻重人，不能铢两为千钧。乃知轻重不在彼，要知美恶由吾身。"表示了对异论的藐视态度。

可是，另一方面，在这场激烈的政争中，安石亦难免有政治上的疲劳感，难免产生归去来的思想。写于此时的《中书即事》一诗说："投老翻为世网婴，低徊终恐负平生。何时白土冈头路，渡水穿云取次行。"《后殿牡丹未开》说："红幨未开知婉娩，紫囊犹结想芳菲。此花似欲留人住，山鸟无端劝我归。"这些诗都反映了他的归隐思想、去与留的矛盾心态和精神的痛苦。

熙宁六年正月上元节，安石从驾观灯，乘马入宣德门，依常例在门内下马，却遭到守门卫士的阻拦，殴伤其马及侍从。一个小小的守门卫士，怎么敢殴伤宰辅的马和侍从呢？况且在门内下马亦非只有安石，这就不能不令人怀疑此人有政治背景。安石对神宗道："臣疑亲从官习见从来事体，于执政未必敢如此，今敢如此，当有阴使令之！"但是这次事件，最终以守门卫士送交开封府了结，有无人指使，并没有追究，这使安石感到不快。这年二月，安石即以病乞解机务。神宗不许，召安石子王雱再三问劳，又令冯京、王珪谕旨，于是安石复出视事。

熙宁六年秋到七年秋，天久旱不雨，神宗忧思终日，由是对新法更加动摇。虽经安石屡次劝说，未有好转。此时，光州司法参军郑侠上疏，把灾害归罪于王安石变法，又将东北流民于风沙霾曀之中扶携塞道、羸疾愁苦、身无完衣、茹木食草根之状绘为图，献给神宗，提出罢废新法。据说疏奏既上，神宗反复观图，长吁短叹，寝不能寐，第二天就诏令罢方田、保甲等法。只因吕惠卿、邓绾的力争，才只罢方田均税法。于是安石又要求辞职，只是神宗不同意，未能如愿。

此时，一直处于后台的太皇太后和皇太后亦走向前台，在神宗面前痛哭流涕，言新法不便，且曰："王安石变乱天下。"在这一情况下,神宗再一次动摇,命安石裁损新法。虽经安石极力解释,神宗依然疑虑。于是,安石又提出了辞职。或许是出于不得已,神宗终于同意了安石的请求。

熙宁七年(1074)四月,安石以吏部尚书、观文殿大学士的身份到江宁府任知府,并应神宗之请,推荐韩绛代己为相,吕惠卿参知政事辅佐。

复相与再次罢相

王安石罢相知江宁府后,过着百无聊赖的生活。平日公事一完,不是睡觉,就是出游,以打发时光。写于此时的《金陵郡斋》说:"谈经投老拚悠悠,为吏文书了即休。深炷炉香闭斋阁,卧听檐雨泻高秋。"字里行间透露了百无聊赖的心态。

熙宁八年二月,神宗又命安石为相,遣御药院刘有方持诏书往江宁召安石。据说这次安石没有推辞,接诏后倍道而来,七日即到京师。

关于安石这次复相,魏泰的《东轩笔录》说:"惠卿入参政,有射羿之意,而一时之士见其得君,谓可以倾夺荆公矣,遂更朋附之……又挟李士宁以撼荆公……其他夤缘事故非议前宰相者甚众,而朝廷纲纪几于烦紊,天下之人复思荆公，天子断意，再召秉政。"

魏泰的这段文字是讲吕惠卿与王安石的关系。熙宁八年初，有人告发余姚县主簿李逢勾结宗室赵世居、宦官刘育等共谋不轨，结果李、赵、刘均被捕入狱。而劾者又言逢池方士李士宁亦参与此谋，而李士宁与安石曾有交往。事后赵世居赐死，李逢、刘育等人弃市，李士宁决杖流永州，连坐者甚众。吕惠卿之党牵连李士宁，意在巩固自己小集团的地位，根绝安石再度入相的可能。吕惠卿等人这种作为引起不满，以致神宗立断再召安石入相，而安石亦不推辞，接诏后便赶去赴任。

但是，也正因为有这样的背景，安石复相后，便面临着一系列的新困难。吕惠卿以前地位较低，为了往上爬，百事依附安石，现在已经执政，安石再度复相，就对他的地位构成了威胁。因此，安石复相后，他就采取不合作的态度。例如，安石欲用练亨甫，而惠卿兄弟与练亨甫矛盾甚深，认定他奸恶，多方予以排挤。安石认为，惠卿兄弟如此逆料人为奸，实为过当。而惠卿反怪安石不为其兄弟辩护，他对神宗说，以前安石为人所诬，他极力为之辩诬，而今自己为人所诬，安石乃无一言，其怨恨安石之情，油然可见。

在用人问题上，惠卿与安石意见不合，在其他问题上亦多与王安石作对。神宗以前曾多次称赞吕惠卿之才，并认为在安石罢相后，"小人纷纷，独赖吕惠卿主张而已"。而此时，他也感到吕惠卿做得太过分，认为他"忌能、好胜、不公"。熙宁八年闰四月，神宗对王安石说："惠卿不济事，非助卿者也。"又言："大抵兄弟总好胜忌能，前留身极毁练亨甫。亨甫颇机警晓事，观惠卿兄弟，但才能过己便忌嫉。"吕惠卿的不合作，给安石复相后的工作造成重重困难。

后来，吕惠卿对安石由不合作逐渐发展为中伤。熙宁八年五月，安石得疾，神宗遣医诊治。而吕惠卿却在神宗面前说：本来期望安石来勠力时事，不想他却屡屡称病不治事，把什么事情都推给我，我怕将来一旦倾败，担当不起责任！

熙宁八年七月，御史蔡承禧弹劾吕升卿，事连惠卿，惠卿上表求去。神宗不同意，对他说：是不是为弟弟升卿的事呢？惠卿说：不是。神宗又问：是不是安石与你议用人才不合呢？惠卿又说：不是。神宗又说：那么安石来，正宜同心协力，为什么只一意求去呢？惠卿回答说：安石来，一切托疾不事事，与昔日不同，想不到安石为陛下建立庶政，千里复来，乃反如此！神宗说：安石看到天下有可为之理，乃肯复来。惠卿回答说：那一定是来了以后不如其意，所以不安其位，或者因为臣在这里的缘故。这显然是在挑拨神宗与安石的关系了。只因神宗再三挽留，吕惠卿才继续视事。

大约是神宗也感到惠卿走得太远的缘故，在熙宁八年十月惠卿再次提出辞职时，神宗同意了他的请求，惠卿罢政出知陈州。熙宁九年六月，王雱遣邓绾劾吕惠卿，追查惠卿在华亭买田一事。吕惠卿在陈州上疏自诉，且讼邓绾和安石，前后达数十纸，公开攻击说：安石抛弃了正学而崇尚纵横术数，以至胁迫别人，忌贤结党，欺上瞒下，种种罪恶，无不悉备。哪怕过去的倒行逆施之人，也不过如此。平日的威望，扫地殆尽，不知道安石何苦这样做！个人行为如此，还能考虑什么国事！陛下既然相信安石，我也不好说什么了。又说：君臣之间应有一定的距离，陛下不可为安石取消这一距离。惠卿的这些话，比之熙宁初反对派攻讦安石有过之无不及。司马光攻安石，仅是政见不合而已，其讼安石，并无恶毒之语；而吕惠卿攻安石，却通篇是恶毒中伤之语。熙宁初，吕惠卿作为安石推行新法的主要助手，安石曾对之言无不听，计无不从，关系十分密切，现在却反戈相向，如此刻毒，这不能不给安石精神上很大的打击。看到过去的亲密同僚对自己的恶毒攻击，安石复相后对政事不能不感到心灰意冷。

此时与安石交恶的，不仅有吕惠卿，还有曾布。曾布是安石一手提拔起来的人，从做低级文官的选人到替皇帝起草诏书的知制诰，只用了一年十个月。故反对派杨绘谓："曾布之贤能未显著于天下，天下之人止知其缘王安石姻家而进。"可是，自从熙宁七年三月曾布受诏察访市易司，向神宗告吕嘉问欺君冈上，安石不以为是，曾布与安石的亲密关系就开始出现裂痕。安石罢相后，曾布落职，出任饶州知州，这不能不使他怨恨王安石。

安石复相，神宗曾以手札问安石：听说你欲召曾布到朝廷，复任以事，未知真有否？安石说："陛下无以其刀笔小才，而忘其滔天大恶。"终不召曾布。由此可见，安石复相后面临着变法派分崩离析的局面，加之安石本人亦不善与政见不同的同僚相处，此时，他似乎已无可信任的人，这使他的精神陷入痛苦之中。本来，安石复相时，朝廷中反变法的元老重臣均已失势，如司马光判西京，吕公著、文彦博亦放外任，富弼致仕，韩琦去世，变法派人士韩绛、吕惠卿均掌权，该是大有作为的时候了，可惜变法派人士彼此攻讦不已，不亚于过去反对派对变法派的攻讦。这种窝里斗，终使安石复相后在政治上无所作为。

应该指出的是，在熙宁八年九年之交，安石所思的已不是如何进一步推行新政，而是如何归去的问题。八年冬，其《与沈道原舍人书》说："又复冬至，投老触绪多感，但日有东归之思尔。上聪明日隮，然流俗险肤，未有已时，亦安能久自困苦于此。"又《送张拱微出都》说："嗟人皆行乐，而我方坐愁。肠胃绕钟山，形骸空此留……误为时所容，荣禄今白头……不足助时治，但为故人羞……寄声治城人，为我问一丘。"可见他已为归隐江宁作准备了。熙宁九年六月，安石子王雱卒，年三十三。王雱是安石长子，自小聪明过人，深得父亲钟爱，进士及第后，与父俱为皇帝讲解经义，神宗委以修撰《三经新义》。安石老年失子，这无异在他精神的伤口上又撒了一把盐，伤痛自不待言。他的《一日归行》说："贱贫奔走食与衣，百日奔走一日归。平生欢意苦不尽，正欲老大相因依。空房萧瑟施穗帷，青灯半夜哭声稀。音容想像今何处，地下相逢果是非。"可见他对王雱的去世，有情不自禁的伤心，这不仅使他平日富贵浮云之思更加强烈，亦间或生起人生如梦之想，更加坚定了他辞相归去的决心。

安石虽屡求乞解机务，神宗只是不允。熙宁九年二月七日，神宗"诏管勾东府使臣，不得令王安石家属行李出府，以安石固辞机务也"。神宗对安石的挽留不可谓不坚，但由于安石的坚决请求，终于在熙宁九年十月，诏王安石以镇南节度使、同平章事的身份到江宁府任职。

辞去宰相职务，安石感到由衷的欣喜。他作于此时的诗，都表现了解去机务、卸去重任的欣喜。安石第一次罢相，虽说亦是出于自愿请求，但难免有怨愤之情；但第二次罢相，却只有欣喜而无怨愤，这是一种释去重负的欣喜，得到解脱的欣喜，由此安石赋闲金陵达十年之久，没有再起。

第 4 章

熙 宁 新 法

王安石变法期间推出的新政，广泛涉及朝廷的财政、税收、农业、水利、科举、学校、经义等方面，其中心环节是理财，其目标是富国强兵，改变北宋政府积贫积弱的局面。新法都是在熙宁年间推出的，特别是在熙宁六年（1073）前颁布和推行的，故史称"熙宁新法"。

熙宁新法的内容

均输法

均输法颁行于熙宁二年（1069）七月，这是熙宁年间颁行的第一个新法。

所谓均输，均有调节、调剂的意思，输为输送、运输的意思，均输法即关于调节运输的法令。西汉时，武帝为了调节各地诸侯的贡输事宜，曾在大司农属下置均输令、丞，负责统一征收和运输货物，并任桑弘羊调剂各地的物资供应。王安石的均输法，即发端于汉武帝、桑弘羊的均输。

宋代的开封，是全国最大的消费城市。这里不仅居住着庞大的官僚、皇族人员，而且还驻扎着相当数量的军队。不但军队的生活消费品靠全国各地供应，军器生产的原材料亦靠全国各地供应，故京城的物资供应是当时的一件大事。王安石认为，对京城的物资供应，政府如不加以控制，而由富商大贾操纵，其弊病甚多，现行的发运使工作，必须加以改进。他提出改进物资运输的主张包括两个方面：一方面规定发运使的职权应是掌握六路财赋，主管茶、盐、矾税收，保证"军储国用"。朝廷应该付给他们一定的钱物，以便其相机运用，由此控制运输。另一方面是发运使的征购原则应该是"徙贵就贱，用近易远"，对京城的库存情况，所需物资的情况，都应有切实的了解，以便及时购买，以满足需要，从而使富商大贾不能操纵物资和物价，而由政府掌握敛散之权，控制物资，调节余缺，达到"便转输，省劳费，去重敛，宽农民""足国用"的目的。故均输法的基本精神，是由政府控制和操纵物资供应，抑制富商大贾。

均输法颁行后，神宗诏令发运使薛向领均输，专行于江淮六路。神宗还拨出内库钱五百万缗，上供米三百万石，作为薛向周转物资的资本，并应薛向之请，允许其自辟官署。

均输法施行后，对富商大贾有所抑制。苏轼在一份奏议中说："豪强大贾皆疑而不敢动。"均输法的本质，是以官府垄断运输取代富商大贾控制运输，它能给官府带来利益是明显的。但由官府垄断运输，官吏从中行奸受贿、中饱私囊怎么办？任意浪费官家之物怎么办？运输的环节过多怎么办？这些都是在官办运输中必然要碰到的问题，如果没有相应的解决办法，官办运输的弊病必然要大于富商大贾控制下的私家运输。汉武帝行桑弘羊法实行均输，昭帝始元中，贤良文学就指出官吏从中"行奸卖平，农民重苦，女工再税，未见输之均也"，就是这一类问题。故汉之均输，至霍光主政而罢，亦有其不得不然的趋势。熙宁间的均输，亦当有这些问题。《宋史·食货志》说"均输后迄不能成"，就是说均输法没有取得实际的成效。这可能是事实，因为此后我们看不到有关均输法争议的记载。

青苗法

青苗法是继均输法后颁行的第二个新法。所谓青苗法，是政府对农民的借贷法。由于这种借贷是在每年夏秋两季庄稼未熟、农户青黄不接时进行，故称"青苗法"。

王安石看到了贫困的农民在青黄不接时的困难，分析了市场价格随供求关系而变动的情况，认为政府要从借贷上帮助农民摆脱兼并之家的盘剥，同时也使政府增加收入。他早在庆历年间任鄞县知县时，就"贷谷与民，立息以偿，俾新陈相易，邑人便之"。即在农民青黄不接的时候，把政府的存粮借给农户，而在秋收时让他们加息偿还，既解决了农户的困难，也使政府粮仓的粮食新旧得以相易。这使王安石孕育了青苗法的思想。

熙宁二年九月，青苗法终由条例司颁布。不过此时颁行的青苗法还带有试验性质，只在河北、京都、淮南三路施行。至次年正月，就普遍向全国各路推广了。在推行中，条例司又对一些具体问题作了规定：

一是关于粮钱的折价问题。依陕西散青苗钱的方法，每年在夏秋两季未熟前，根据当年收成时的中等价格，约略确定每斗粮食的价钱，不得偏高也不能偏低，召农户自愿借贷。

二是关于借贷的数额问题。每户借贷的钱，第五等级户不得超过一千五百，第四等三千，第三等六千，第二等十千，第一等十五千。有多余之钱，由县根据情况增加，三等以上户优先增加。户等越高，可以借贷的钱越多。

三是关于借贷的手续问题。借贷者须每五户结成一保，按家产多少的不同而分别借贷。每保要由财力殷实的第三等户以上人家充当担保人。不愿借的不强迫，愿借的以时价折钱借给，不能亏损官家。客户愿借的要与主家合保，视主家的家财多少而借给。县令、县佐要亲自和耆长、户长加以检视。青苗钱应先借给乡村的人户，如有剩余，也可以依照同样办法借给坊郭有财力的人家。

青苗法在具体执行过程中碰到很多的问题，因为它涉及千家万户，比均输法要复杂。从效果看，各地也不一致。熙宁三年（1070）九月，条例司言权陕西路官吏违法抑配青苗钱，王广渊在京都散青苗钱令贫富相兼，民间喧哗，以为不便，由此可见问题不少。从本质上看，青苗法是以政府的高利贷取代民间的高利贷，它给政府带来了收益，这是肯定的。从农户方面看，虽然青苗钱半年二分息，年息百分之四十，要比民间的高利贷低一些，但青苗钱带来的问题却比民间高利贷为多。例如各地将粮食折合成青苗钱时，作价普遍过高，到期又有官吏催逼本息，民户不愿借贷而强行借予等等。因而青苗法遭到反对比均输法激烈和持久。

农田水利法

农田水利法又称农田利害条约，是关于改良农田、兴修水利的法规，于熙宁三年十一月十三日颁行。这一由制置条例司提出的农田水利法共有八项：

一是官吏及诸色人士中，凡有知土地种植及可以完复陂湖河港，或者不可以复兴，而可招人耕种，或原来没有，而现在可以创修，或水利可及众而为人所擅占，或田土离众用河港不远，而为人地界所隔，可以相度均济疏通的，允许向管勾官或所属州县陈述。一旦由上级商量按视，认为便利的，即付州县施行。

二是各县应调查本管内荒废田土及其成因、数目、利用计划，或可以纠合兴修，或招募垦辟，要提出意见，绘为图籍，申送本州县市审查。审查结果，如有不合理的，即另派官复查，牒送管勾官。

三是各县应调查管内大川沟渎行流趋向及所管陂塘堰埭之类，看可否取水灌溉，有无废坏要兴修以及可以增广创兴之处，如有，要提出施工计划。凡是关联别州县地界的，请提出意见，绘为图籍，申送本州。

四是凡各县数经水害之出土，须修筑圩埠堤防以防水害或开导沟洫通泄积水的，要定出工程的规模，所用工料，完成时间，绘为图籍，申送本州。

五是由州县上报的事项和图籍，管勾官与提刑或转运使应加以研究，差官复查；如事体稍大，要亲自按察。如事确便民，且力所能及，即付施行。若一县不能独办，即委本州差官或别选人前往协商合力。如遇工程重大，即奏取旨。

六是在修建重大工程中，民力不继，允许农户借贷官粮，依青苗钱例，分两次或三次归还，如官府力量不足，应动员富户出钱借贷，依例计息，官府代为催理。凡有功人员，随功利多少酬奖。

七是水利工程事关众户，如有人不依原计划开修，不交应纳物料等，除由官催理外，应处罚钱粮，所罚收充本乡众户工役支用。

八是朝廷对兴修农田水利中有功人员，量功绩大小或转官，或升任，或赐金帛再任，非本县令佐，亦量功利大小，比类酬奖。

应该看到，在熙宁诸项新法中，农田水利法最具积极意义，其主旨在于发展农业生产。当然农田水利建设是一项技术性很强的工作，如兴作合乎实际，则造福人民匪浅；而违背自然规律，盲目妄为，则无异于劳民伤财。在农田水利建设上，倡议者固然出于造福一方的目的，而反对者考虑较多的是是否可行的问题，并不是从根本上反对农田水利建设。

保甲法

保甲法是关于乡村基层组织和乡兵的法规，颁于熙宁三年十二月。

保甲法在我国起源甚早，春秋战国时期就有了。王安石说："保甲之法起于三代丘甲，管仲用之齐，子产用之郑，商君用之秦，仲长统言之汉，而非今日之立异也。"所谓丘甲，丘为区域单位，甲为军人的护身衣。《春秋》说："三月作丘甲。"《榖梁传》解释是，农工分职，甲不是人人所能为，今使每丘人制甲，是使丘人出兵赋。王安石把保甲法追溯到三代的丘甲，是表明自己的保甲法有所根据，并非本人立异。

熙宁三年十二月二日，司农寺颁行《畿县保甲条制》，规定：（1）凡十家为一保，每保选一个有能力的人担任保长；五十家为一大保，选最有能力和最富裕的二人为大保长。十大保为一都保，仍选最有德望才能的为都保正和副保正。（2）每户凡有二丁的，抽一人为保丁。除禁兵器外，其余弓箭自置，习学武艺。（3）每一大保每夜轮差五人，在保内往来巡警，维持治安。（4）同保内有犯杀人、放火、强奸、传习妖教的，知而不告，以同罪论处。（5）凡保内有外来不明行止、情况可疑之人，必须觉察，并收捕送官。这一条例得到神宗的批准，先在开封、祥符县试行。

需要指出的是，王安石等变法派推行保甲法，其目的不仅在于维护社会治安，还试图以此改造当时的军队。北宋承唐末军制，实行的是募兵制。在这一制度下，由于雇佣而来的兵丁都是一些"偷惰顽猾不能自振之人"，所以兵丁数量虽多，但不能打仗，一接触敌人，就不战而溃；而平时又耗费人君禄米，给政府财政背上了很大的包袱。王安石想通过推行保甲法，教保丁以弓箭、武艺，逐渐恢复古代的兵农合一制度。他曾反复向神宗申述这一主张。因此，组织保丁习武练艺，派人教以弓箭、刀兵，就成为团结保甲的重要内容。但是，也正因为这样，保甲法的施行成为扰民最大的一项改革。

贡举新法

贡举新法，是关于改革考试取士制度的法规。颁行于熙宁四年（1071）二月。

隋唐以降，统治者实行科举取士，打破了魏晋南北朝时期的九品官人法，为广大庶族地主阶级知识分子参与政治开辟了广阔道路，科举制度的进步作用是显而易见的。但是隋唐以降的考试法，又把士人束缚在诗赋儒经之中。所学所试，脱离实际，行之既久，弊病日益明显。宋代的政治家，大都看到这一弊病，而思有所改革。王安石认为，只以诗赋和记诵经学传记试进士，只能造成高才见排而庸才见取的后果。这样一些人身居要职，又怎么能识大体、懂治道呢？其遇事势必只能是"唯唯而已"。

王安石提出，考进士不考诗赋记诵，而只考对实际政治的见解。他说："策进士者，若曰邦家之大计何先，治人之要务何急，政教之利害何大，安边之计策何出，使之以时务之所宜言之，不直以章句声病累其心。"考经学不考记问传写，而是考对礼乐等实际问题的看法。他说："策经学者，宜曰礼乐之损益何宜，天地之变化何如，礼器之制度何尚，各傅经义以对，不独以记问传写为能。"王安石的这些思想，在其执政后即付诸实施，熙宁四年二月，中书即颁行改革科举的法规，提出了科举改革的根本目标是恢复三代的教育选举之法。目前的任务是改革现有的以诗赋记诵传记为主的考试。为此，中书又作出如下规定：

一是废罢明经及诸科，只保留进士科。

二是京东、陕西、河东、河北、京西五路先置学官，予以教导。礼部所增进士名额，只在五路中录取，为的是诱导这几路的诸科人士习进士。

三是进士科考试罢废诗赋、帖经、墨义，只选《诗经》《尚书》《易经》《周礼》《礼记》等本经中的一经，并及《论语》《孟子》等兼经。

四是每试分四场：第一场本经；第二场兼经并大义十道，要求"务通义理，不须尽用注疏"；第三场论一道；第四场时务策三道，礼部五道。

五是凡诸路从应诸科改应进士科的，皆另场考试。今后新人应举，不得应诸科，渐令改习进士。

六是殿试第一道，限千字以上，分五等：第一等、第二等赐及第；第三等出身；第四等同出身；第五等同学究出身。

熙宁四年（1071），神宗诏以实施。

但是，王安石的这一改革，却遭到时论的反对。《宋史·选举志》说："诗赋浮靡，不根道德，施于有政，无所用之，自唐以后，莫之能革。上稽合先王，造立法度，而议者不深维其意，群起而非之。""群起而非之"，说明反对者之多。其中尤以苏轼为烈，他认为："自文章言之，则策论为有用，诗赋为无益；自政事言之，则诗赋、策论均为无用矣。虽知其无用，然自祖宗以来莫之废者，以为设法取士，不过如此也。"又说："自唐至今，以诗赋为名臣者，不可胜数，何负于天下，而必欲废之。"

应该说，王安石的改革，固有其相当的道理，但苏轼等人的反对意见，亦不无根据。安石废诗赋而先经义和策论，其用意在引导士子关心政治理论和现实问题，而不要把精力专注在与现实政治无关的诗赋传记之学里。但问题是习经义和策论，并不等于就能解决现实的政治问题。诗赋和记诵固然脱离现实政治，无补于政事，而经义和策论又何尝一定是切合现实政治，有补于政呢？千百年来，空洞无物的经义和应景的策论不知有多少，从历史的眼光看，倒不如诗赋，虽于政治无补，却于文学有益。

免役法

免役法又称"募役法"，相对于差役法而言。它自熙宁二年（1069）十二月颁立，到四年十月全面实行，前后经过两年多的时间。所谓差役法，是指政府征用民户充当乡、里、都等头目及到州县衙门服役。王安石变法，以民户出役钱代替直接服役，故称"免役法"。民户出钱后，由政府雇人应役，故又称"募役法"。

宋代的差役上承五代，繁多而沉重，有衙前、里正、户长、乡书手、耆长、弓手、壮丁、承符、人力、手力、散从官、县曹司、押录、州曹司、孔目官等等，名目繁多。衙前掌管官物，负责辇运，主持场务、仓库、馆驿、河渡等；里正、户长、乡书手负责催逼赋税，参与评定民户的等第，维护社会治安等；耆长、弓手、壮丁掌捕盗贼，巡视市场、维持治安等；承符、人力、散从官主管迎送官员等；县曹司、押录分任县里各项杂事；州曹司、孔目官分任州里各种事务，如狱讼、账目、遣发等。在这诸多的差役里，衙前一般由乡村第一等户充任。里正、户长、弓手、人力、手力则由中等户充任，其他冗役则由下等户充任。其中以衙前最为繁重，因为掌管库场或运送官物，难免遇有失陷，一旦损失，必以家产赔偿。凡充衙前，时有倾家荡产的可能。故宋代的差役弊端丛生，是人民的沉重负担。

王安石坚决主张改差役为募役，他想通过差役改募役使天下之役人人均平，从而把农民从差役中解放出来，归农于田。熙宁二年十二月，条例司即向神宗提出实行免役法的建议，得到神宗的同意，并条谕诸路。在这个建议和神宗的批答里，有如下要点：

一是免役法的基本精神是"计产赋钱，募民代役"。

二是改募役后，以前行差役时用作役前奖酬的酒店、坊场由官家自己经营，以其收入为募役钱。

三是衙前部水陆运，事小而占差役多的，要一并裁减；承符、散从官等诸重役要革除积弊，以便减省人役。

四是市镇居民户、未成丁、单丁、女户、寺观及品官之家有产业而旧免役的，都应出钱助役。

五是这是供讨论的条目，发下州县征求意见。

熙宁三年（1070）夏秋间，主持司农寺的吕惠卿又建议将这一条目在一二州加以试行，待成功后再向诸路推行。熙宁三年底，提点府界公事的赵子幾以所试行的条目上奏，神宗又诏令判司农寺的邓绾和曾布讨论。熙宁四年正月，邓绾和曾布又呈上补充条款。至此，免役法的各项条款基本完备。又揭示一月，民无异议，然后著为法令，于熙宁四年十月一日向全国推行。

应该看到，免役法的作用也是双重的。唐行租庸调制，租是田赋，庸是劳役，调是人丁税。租庸调后演变为两税制。按理说，农民既缴纳两税，就已完成了应向政府承担的劳役责任，而不用再出役钱。两税外另有差役，这是五代的弊法。有宋沿袭这一弊法，是不合理的，而王安石变法没有从根本上革除这一弊端，取消农民的不合理负担，反而将它改为雇役法，就使这一弊法进一步合法化。后世一些进步的思想家否定王安石的这一项改革，理由就在这里。但是，从另一方面说，在差役既成事实不能取消的条件下，改差役为免役或雇役，又是进步的。其进步并不表现为对兼并之家的抑制，如变法派所标榜的那样，而是在于免役法的施行，对农村的劳役制残余起到破坏作用。中国古代社会是随着劳役地租向实物地租、实物地租向货币地租的转换而进步的。宋代的差役制，无疑是封建社会劳役制的残余，束缚了农民的人身自由和经营自由。而免役法的实行，能把农民从这种束缚中解脱出来，从而使农专于耕，工专于作，商专于贾，它即使在实际上没有给农民带来多少"利"，也带来了许多"便"。从官府方面看，实行雇役后，为了减少雇役钱的开支，各州县的役人大大减少。故熙宁、元丰年间实行免役法后，役人的数量较前减少。从这一点上说，与差役法相比，不能不说免役法有进步意义。

市易法

市易法是关于买卖交易的商业法规，颁行于熙宁五年（1072）三月。

中国封建社会的商品经济有一定的发展。虽然历代王朝都采取重农抑商的政策，但由于商品经济自身的发展，必然要产生一些富商大贾。他们驾驭州郡，操纵市场，颇为豪横。商业的丰厚利润，吸引了一些官僚地主也参与经商，同时商人也参与兼并土地，他们是社会上最富有的阶层。这种地主和巨商的"民富"和朝廷的"国穷"形成了鲜明的对照，引得官府介入或干涉商业经营。

在汉代，朝廷设立平准令、丞，负责转运物资、平抑物价，其实是朝廷参与商业经营。《史记·平准书》说："大农之诸官尽笼天下之货物，贵即卖之，贱则买之。如此，富商大贾无所牟大利，则反本，而万物不得腾踊。故抑天下物，名曰'平准'。"以政府参与经商来调节物价，事实上是不可能的。汉代"平准"的结果，其实是政府牟取商业利润。

王安石的市易法，就近处说，是受了熙宁初年王韶的启发。王韶在任管勾秦凤路经略司执宜文字时，因为军费困难，遂于秦凤路古渭寨置市易务，借官钱作本，控制蕃汉贸易，岁入不下二十万贯，解决了军需，得到了王安石的赞许。王韶的古渭寨市易务，成为熙宁市易法的先导。

又熙宁五年初，有一个自称草泽之民的魏继宗上书朝廷，提出了置常平市易司以达到通商旅、遂百姓、足国用、收开合敛散之权的建议。这一建议与王安石的思想不谋而合，与王韶在古渭寨所为亦相一致。于是由中书向神宗提出了建市易务的具体方案：

一是在京师置市易务，设监官二，提举官一，勾当公事官一。

二是召在京诸行铺的牙人充当市易务的行人、牙人。

三是凡商旅客人到市易务投卖货物，行人、牙人与客人共议价钱，根据行人所需数量，先由市易务收买。

四是行人可用本人所有或转借他人的产业、金银作抵押，或者五人以上结为一保，以其家产物力为抵押，均分赊请所需货物，立限送纳价钱，半年纳息一分，一年纳息二分。

五是凡非行人所需而实可以收蓄变转的货物，则由市易务折搏收买，而后随时估价出卖。

六是凡三司诸司库务年计物，若比在外科购省便的，亦由市易务收买。

中书的这一建议，勾勒了市易务的基本建构和应循法规，得到了神宗的认可。熙宁五年三月，神宗下诏组建市易务。先在开封组建，以户部判官吕嘉问为提举。又拨出内藏库钱一百万缗、京东市钱八十七万缗作为市易务的本钱。三司起草市易细目十三条，经御批去掉一条，余十二条诏令遵行。自开封府行市易法后，全国各大城市亦陆续建市易务。熙宁六年，在京市易务改称都提举市易司，统管诸州市易务。至此，市易法的施行全面铺开。

市易法的本质，旨在以官府操纵市场代替豪商操纵市场。市易务为宋王朝敛积了大量的财富，从熙宁五年到九年，开封府市易司共收息钱和市例钱（**正常商税以外的附加税**）一百三十三万二千余贯，可见市易司之利。但是，这一新法对远方的商旅和人民生活来说，却未必有什么好处。豪商控制市场的弊病固然避免了，但政府控制市场的弊端又产生了。豪商被抑制了，官商却得到扶植，过去天下商旅运货至京师，固然多为兼并之家所困，而黎民遭受盘剥以致困窘，但在官商控制市场的局面下，这种情况恐怕也没有什么改变，甚至反不如前。王安石变法派人士固然把各地市易务"贱买贵卖，重入轻出，广收赢余"和"妨碍细民经营"作为违法来追究，但是，他们不知道，市易务既然参与经营，其发展规律必然是"贱买贵卖，重入轻出，广收赢余"。"贱则少增价取之，令不至伤商；贵则少损价出之，令不至害民"，只不过是他们乌托邦式的理想，并不是商品经营发展的规律。因为如果真的"贱则少增价取之""贵则少损价出之"，那么市易务做的就是赔本的生意，还谈得上什么取余息以给公上呢？政府又哪里有那么多钱供其赔本呢？这样的开合敛散之权虽归于公上，又有什么价值？故对市易法的评价，我们固不必如当时反对派那样，把它说得一无是处，因为作为解决政府财政困难的暂时措施，市易法自有其存在的价值。但要把它看得很高，认为如何方便商旅，便利人民生活，则缺少根据。

户马保马法

户马保马法是王安石与宋神宗关于马政改革的新法。户马法行于熙宁五年（1072），保马法行于元丰七年（1084），以其性质相似，亦合称为"保马法"。

在古代社会，马在国防与政治生活中占有重要的地位。军队作战需要马，官员出行需要马，传递文书亦需要马。北宋多平原山泽，本土产马不多。在熙宁推行新马政以前，主要由官府向沿边少数民族买马，由有关方面送到各地马监牧养或直接分配给军队，同时官府亦向民间购买，以供军国之需。

北宋的马政，虽然规模备具，但有不少弊病，主要是由马监牧养耗费过大。至乾兴、天圣间，因国家承平，牧马耗费过大，罢废了许多马监和马场。但是罢废诸多马监、马场后，朝廷又显然感到马匹供不应求。为了解决国马问题，在王安石变法前，有些官员曾提出让民户养马的建议。如仁宗时，丁度为群牧判官，建议养马于民户，以解决战时之需。皇祐元年（1049），在仁宗向臣下咨询备边之策时，叶清臣上疏主张由民户养马，以备国用。熙宁初，李中师为群牧判官，亦主张由民户养马，只是他的建议未上达神宗。

正是在总结诸多朝臣建议的基础上，熙宁五年五月，神宗与王安石行户马法，由官府把各监现有的官马分派给民户牧养，或给价由民户自购牧养。熙宁六年八月，曾布将户马法法规化，上其条约。曾布的条约要点如下：

（1）户马的来源，由官府马监供给，或官府作价让民户自行购买。

（2）民户养马的匹数，依资产的多少而定，一般情况下，一户养一马，财产多者可以养两匹。

（3）养马户除追逐盗贼外，不许乘越三百里。

（4）优待办法：府界养马户每年免交体量草二百五十捆，京东西等五路的养马户每年免缴两税以外的各种杂税。

（5）赔偿办法：三等户以上马死全额赔偿，四等五等户赔半数。

（6）此法先在开封府试行，再推行于京东、京西、河北、陕西、河东等路。

元丰七年（1084），宋神宗又诏令京东、京西保甲每年免去教阅征役的任务，每都保（保甲单位）养马五十匹，每匹给钱十千，限京东十年、京西十五年养足。并置提举保甲马官，京西以吕公雅担任，京东以霍翔担任。这一诏令把都保的养马数予以固定，并把免于征役作为保甲养马的奖励。

熙宁、元丰年间户马保马的实质，在于减轻朝廷养马的负担，或者说，把养马的大部分费用转嫁给民户，故受到反对派的反对。宋神宗死，哲宗即位，反对派言新法不便者，以保马为急，无论户马还是保马，皆被废除。时任提举保马官的吕公雅与霍翔皆以罪被免职。

方田均税法

方田均税法是关于清查土地、以土地核定税役的法规，颁行于熙宁五年（1072）八月。

在封建社会里，税役主要根据所占有的土地确定。但富户往往大量隐瞒土地，少纳租税、少服劳役非常普遍。他们或者勾结官府，地多税少，或者本来就享有免役的特权。而一些比较富裕的自耕农，为了逃避税役，也往往托庇于官绅豪强之家，假冒佃户，这就造成了富者无税役或少税役，而贫者税役繁重的局面。因此，历代都有均税的呼声。宋代由于奉行照顾官户或形势户的政策，税役不均的情况尤为严重。神宗与变法派很重视这一问题。熙宁五年，蔡天申向朝廷提出建议，请委提举司均税，而颁于司农，先行于河北、陕西、河东和京东。于是神宗诏用其议，由司农寺立方田均税法，于熙宁五年八月颁之天下。

方田均税法分两个部分：第一部分是方田法，即清查田亩；第二部分是均税法，即调剂税役。

方田法的要点是：（1）以东西南北各千步为单位进行丈量。（2）在秋收后的九月进行。（3）由县令、佐主持此项工作。（4）丈量后计量土地色号类别。（5）最后确定等级，以等级确定税收。（6）至次年三月向农户张榜，以一季为期听取意见。（7）案造凭证，连同庄田籍账，发给农户，以为地符。

均税法的要点是：（1）各县以旧有税额为定数，对零数税额以整数收取的做法予以禁止，使新收税数不超过旧额。

（2）丝绵绸绢的征收，不以桑柘的有无，而以田亩数来确定。（3）荒地归耕者所有。樵采不划入家业之数。（4）能获利的山林陂塘之类不征税。（5）过去投靠大户为佃户的情况要改正，使其成为向国家纳税之户。（6）事先预告农户，使不听谣言蛊惑。

命令颁行后，又诏以济州巨野尉王曼为指教官。先在京东路试行，待取得经验后，再在全国推行。熙宁七年三月，神宗又批准邓润甫提出的从京东十七州选官四员，各主其方，分行郡县专管勾方的建议。自此，朝廷专门派员督理各地方田事务，并明确规定负责官员三年为一任。

方田均税法于熙宁五年八月颁行，在实际执行中遇到很多困难。因为这种以东西南北各千步的丈量法只适合于平原地区，在江南湖汉河港地区以及丘陵地带就很难实行。同时，此后朝廷愈演愈烈的政争，也影响它的推行。故实际上方田均税法只限在京东路推行，到元丰八年（1085）十月神宗死，就被废弃了。

应该说，清查土地，重定赋税，这是打击豪强、抑制兼并的有力措施，只是行之不易。宋庆历年间，仁宗遣孙琳和郭谘检括天下土地。郭谘在蔡州检括一县，深感"州县多逃田，未可尽括"，朝廷亦认为劳人，结果是不了了之。嘉祐中，复诏均定，时遣官分行诸路，因分遣的官吏中有人反对，亦不了了之。由此可见清查土地之不易。方田既然不易，均税也就无从谈起了。因为均税是以方田为前提的。

将兵法

将是北宋熙宁年间兵制改革后军队编制的单位。将兵法是一种新的军队编制和教阅法，由不同番号的禁军指挥，混合组成将的编制，将以下置部，部以下设队，一队约五十余人。将的统兵长官有正将和副将，部有部将，队有队将，另有押队使臣、训练官等，以加强军事训练。

北宋兵制分禁兵和厢兵。禁兵是中央军，分厢、军、指挥、都四级编制。厢兵是诸州之兵，即地方兵，大部分只有指挥和都两级编制，一般不参加战斗，唯服劳役。北宋的军队虽然数量庞大，但最高统治者只把募兵看成"招聚四方不逞之人"而加以节制，使之"连营以居之，什伍相制，节以军法，厚禄其长，使自爱重"，"不敢为非"，因而不重训练教阅，士兵的素质极低。仁宗时，全国的军队一百二十多万，英宗时有一百一十五万。宋廷这么庞大的军队，却在对契丹和西夏的战斗中屡战屡败，其素质之低，将领之无能可想而知。

王安石对宋代募兵制的弊病有很深的认识，他认为用募兵不如用乡兵，不仅可使朝廷省去大批军费开支，重要的还在于募兵的素质和战斗力不及义勇乡兵。他之所以汲汲于团结保甲，目的之一，就是以乡兵逐渐取代募兵。

但是王安石也并不主张一下子取消募兵。这不仅因为强敌当前，不可能一下子裁减，还因为裁减了这些骄惰成性的兵丁，将他们推向社会，亦是为祸不浅，故当务之急还在择将以训练军队。将兵法的兵制改革，即是为了达到提高兵丁素质和战斗力的目的。

其实，在神宗于熙宁年间推行将兵法之前，有一些专任一方的将领已在局部地区开始这一方面的改革了。蔡挺在经略泾原路时，分泾原路人马为七将，又建勤武堂，使诸将轮番教阅士兵阵法，练习射箭、枪刀、骑兵等等，又将"泾、渭、仪、原四州义勇，依诸军结队法加以训练，并选其精者迁补正兵"，使乡兵"与正兵相参战守"。熙宁六年（1073）七月初八，王安石进呈蔡挺乞以义勇五番教阅事，得到神宗的认可，后行诸路。这恐怕就是熙宁年间施行将兵法的开端。

熙宁七年九月，神宗诏置开封府界、河北、京东西路三十七将副，选择曾经战阵的大使专职训练。其中河北四路为第一至十七将，府界为第十八至二十四将，京东为第二十五至三十三将，京西为第三十四至三十七将。同年十二月二十四日，又诏令范纯仁、刘奉世措置环庆路将兵，结果庆州驻第一将，环州第二将，大顺城第三将，淮安镇第四将，业乐镇第五将，木波镇第六将，水和寨第七将，邠州第八将。而鄜延又自列九将，经原自列十一将，秦凤自列五将，熙河自列九将，五路计四十二将。元丰四年（1081）正月又诏在东南诸路置十三将，淮南东路第一将，西路第二将，两浙西路第三将，东路第四将，江南东路第五将，西路第六将，荆湖北路第七将，南路潭州第八将，金、邵、永州准备广西应援军第九将，福建路第十将，广南东路第十一将，西路桂州第十二将，邕州第十三将。这样，天下总共为九十二将。此外，分别于熙宁八年、元丰二年，在京东、京西路增置马军十三指挥、土兵勇捷两指挥。凡诸路将除正职外又各置副职一人，东南诸路三千人以下的将只有正职。凡将副皆选内殿崇班以上、曾经战阵而义亲民者充任。又根据各路将兵的多寡置部将、队将、押队使臣，置训练官为将佐。至此，将兵法在全国全面推开。

熙宁年间将兵法的推行，裁退了一些病老怯弱之人，使部队得以精强。同时，在一定程度上改变了此前将不知兵、兵不知将的弊端，提高了军队的战斗力。宋室南渡后，其军队亦采用将兵法的将、部、队的编制，可见这次兵制改革不似其他新法，而具有一定的生命力。

熙宁新法失败的原因

王安石变法，经元祐更化，终以失败而告终。元丰八年四月初一，神宗崩。子赵煦即位，是为哲宗。赵煦此时还不满十岁，由太皇太后高氏垂帘听政。高氏系英宗皇后，出身高门贵族，思想守旧。熙宁七年（1074）初，尝与仁宗后曹氏哭泣于神宗之前，言王安石变法乱天下，使神宗对新法一度产生动摇，此时她垂帘听政，政局自然为之一变。

元丰八年（1085）五月，司马光拜相，全面罢废新法提上了议事日程。六月，罢府界、三路保甲；七月，罢诸镇寨市易；十月，又罢方田均税；十二月，又罢市易法和保马法。元祐元年（1086）三月，又罢免役法；八月，又罢青苗法。司马光虽然在这年九月去世，但在太皇太后的主持下，罢废新法的工作依然继续进行。司马光死后，吕大防为中书侍郎，刘挚为尚书中丞。这一年，他们立经义、诗赋两科取士，元祐二年正月，又禁科举用王氏经义和《字说》。至此，熙宁新法废除殆尽，荡然无存。

探讨王安石变法失败的原因，大致有如下几点。

宋神宗的动摇

封建社会的任何改革都是自上而下的，因此，改革的成败首先取决于在位皇帝的态度。探讨宋神宗的态度，对于研究熙宁变法的发生、发展及其结果，无疑是有益的。

宋神宗名赵顼，英宗长子，生于庆历八年（1048），治平元年（1064）封颖王，治平三年立为太子；次年，英宗逝，赵顼即位，年方二十。

在北宋的几位皇帝中，神宗是比较有作为的一位。他在做太子时就曾说："天下弊事至多，不可不革。"即位后，就"思除历世之弊，务振非常之功"。

在神宗之世，北宋王朝积贫积弱的局面发展到空前的地步，北方受制于契丹，西北受困于党项。为了取得苟安局面，北宋王朝不仅岁输契丹银几十万两、绢几十万匹，对党项贵族也采取送给岁币的做法。即使如此，依然没有消除契丹和党项对北宋边境的骚扰。特别是党项，自仁宗朝以来，由于军事实力增强，每年都要向北宋王朝发动进攻，迫使其不得不增加岁币，以求苟且偷安。这一情况，对神宗刺激很大，他确实想改变北宋王朝的这种屈辱地位，从而在契丹和党项面前直起腰来。

但是，作为继任的封建帝王，神宗生于深宫之中，长于妇人之手，对世事的艰难、民生的疾苦并没有深切的认识。他周围是一批思想守旧的重臣元老，如富弼、韩琦、文彦博、吕公著等。这些人在年轻时也有改革的要求，不少人在仁宗朝都拥护过庆历革新，而一旦在政治上、经济上有了既得利益后，他们就不思进取，转而守旧了。这些重臣元老，以其资格老、德望高，对神宗有极大影响。

在神宗的后面，则是皇族和后族。封建社会中，皇族和后族是既得利益者，政治上最为守旧，而任何改革都可能首先触犯到他们的利益，故他们反改革最烈。据《资治通鉴长编纪事本末》载，熙宁八年（1075）闰四月，神宗与皇弟嘉王赵頵在内禁击球，戏赌玉带，赵頵对神宗说："臣若胜，不用玉带，只乞罢青苗、市易。"神宗纵有励精图治、变革政治之心，亦不能不受到皇族和后族的牵制。

而且，神宗还是一个很相信天命的人，一有风吹草动，如天旱水涝、山崩地震，就怀疑是推行新法所致。终神宗之世，守旧的大臣反对新法，无不引天以为高，穷神以为据。荀子早说过，天道人事，了不相关，以灾异变怪来论证新法不便，诚为荒唐可笑。但是对笃信天命的神宗来说，天命论却有极大的影响。因此神宗虽有励精图治之心，但由于上述种种原因，终其一生，他对新法都处在摇摆之中。

熙宁三年（1070）二月，河北安抚使韩琦上疏言青苗法不便，神宗意动神摇，对执政说："琦真忠臣，虽在外，不忘王室。"并且检讨自己说："朕始谓可以利民，今乃害民如此。"虽经安石辩说，而终以琦说为意。熙宁七年四月，神宗以天旱忧形于色，嗟叹恳恻，"欲尽罢法度之不善者"。及郑侠上流民图，乃反复观图，长吁短叹，寝不能寐。据《宋史·郑侠传》载，次日神宗就下令罢青苗、免役、方田、保甲等新法。及吕惠卿、邓绾等人力争，并"相与环泣于帝前，于是新法一切如故"。

诚然，熙宁末王安石罢相后，整个元丰期间，新法是在神宗的主持下继续实施的，因此不能说因为神宗的动摇而导致新法失败。从总的情况看，神宗是支持安石的改弦更张的，没有神宗的变革要求，则根本就无所谓熙丰新法。但是，因为神宗在整个过程中时常动摇，使得新法未能深入人心，给反对派留下了东山再起的种种机会，在他辞世以后，新法之厦失去了皇权这根支柱，也就很自然地倒塌了。

反对派的阻挠

在熙宁变法中，王安石遇到的反对派的阵势是强大的。他们都是一些资深的重臣元老，与变法派多少年后进之人形成鲜明的对比，除首领司马光外其主要成员如下：

韩琦，字稚杰，相州安阳人，生于宋真宗大中祥符元年

（1008）。二十岁中进士，任掌管规谏、讽喻的右司谏。曾上疏劾宰相王随、陈尧佐和参知政事韩亿、石中立，使四人同日罢相，为时论所称。宝元年间，元昊反宋，他出为陕西经略安抚副使，与范仲淹共同指挥西边战事，名重一时，朝廷亦倚以为重，故天下称为"韩范"。庆历三年（1043），元昊称臣，韩琦名声益著，召为枢密使，与范仲淹、富弼同时登用。后因支持庆历新政，失败后出知扬州等地。时仁宗无子，韩琦议立安懿王子宗实，后为英宗。英宗即位，韩琦继续任相，并晋封卫国公，后改魏国公。治平三年（1066），英宗病重，他又力请建储。神宗即位，拜司空兼侍中。不久出任相州、大名等地的地方官。神宗用安石变法，他与司马光、富弼等人多次上疏反对，韩琦身为三朝元老重臣，他的态度对神宗和朝臣极富影响力。

富弼，字彦国，河南人，生于真宗景德元年（1004）。仁宗天圣八年（1030）举茂才异等，累升任掌规谏的知谏院。仁宗庆历二年（1042），以枢密直学士的身份使契丹。时契丹要挟归还周世宗所取关南十县地，富弼坚辞不予答应，后以增加岁币了结，因此以有功拜枢密副使。仁宗用他主契丹事。他曾上当世之务十余条及安边策。后被排挤出朝，任河北安抚使。至和二年（1055），仁宗召拜宰相，为政七年，务于守成，时称贤相，后丁母忧去位。英宗即位，又召拜枢密使，封郑国公。神宗立，于熙宁二年（1069）再次拜相。王安石变法，他坚决反对，出任亳州地方官，后辞归洛阳，继续反对新法。与韩琦一样，富弼亦是三朝元老，在朝廷有举足轻重的影响。

文彦博，字宽夫，汾州介休人，生于宋真宗景德三年（1006）。仁宗天圣年间中进士，迁任纠百官违失的殿中侍御史。后出知秦州，因对西北军事防务有功，召拜枢密副使，参知政事。庆历七年（1047），又以镇压王则起义有功，于次年拜相。嘉祐三年（1058）出任河南等地，封潞国公。英宗朝又入为枢密使。神宗用王安石变法，他竭力反对，称"祖宗法制俱在，不须更张"。在朝臣中，文彦博也是举足轻重的人物。

吕公著，字晦叔，秦州人，生于宋真宗天禧二年（1018），北宋初宰相吕夷简之子。庆历间中进士，仁宗时为主管图书文物的天章阁待制兼侍读。英宗立，因在濮议中得罪皇上而出知蔡州。神宗立，召为翰林学士兼侍读，熙宁二年任掌监察的御史中丞。王安石变法，神宗使吕惠卿为御史，公著说："惠卿固有才，然奸邪不可用。"后吕公著罢知颍州等地，旋又召回，历任掌起草诏、令等的翰林学士院属官，同知枢密院，即枢密院的副职等。哲宗元祐元年（1086），吕公著拜尚书右仆射兼中书侍郎，与司马光并为宰相，废除新法，不遗余力。

除了元老重臣以外，当时反对新法的人物中较重要的还有御史中丞吕诲，兵部员外郎范纯仁，翰林学士兼侍读范镇，判官告院苏轼，三司条例司检详文字苏辙，太子中允程颢，监察御史里行刘挚，枢密副使冯京，翰林学士承旨韩维，监安上门、光州司法参军郑侠，秘阁校理李常，以及御史刘述、刘琦、钱凯、孙昌龄、王子韶、张戬、陈襄、陈荐、谢景温、杨绘，谏官孙觉、胡宗俞等人。

从上述反对派人物来看，主要是元老重臣和谏官以及御史。元老重臣身居朝廷要职，虽经放逐、贬谪，或被逼令致仕，但他们门生故吏遍于朝廷，又德高望重，富有影响力。谏官位居向皇帝进谏之职，御史负有弹劾百官的责任，他们反对新法，最易推波助澜，造成天下汹汹的局面。

甚至王安石的弟弟王安国、王安礼亦无不反对新法。王安国指责吕惠卿为佞人，要其兄"远佞人"。王安礼力劝安石罢新法，又斥责曾布误其兄。可见王安石行新法的反对势力是空前强大的，故反对派说王安石在与天下人作战。

王安石不顾天下汹汹，毅然进行变法，其精神是可嘉的。但他未能审时度势，以至急至切的心情从事变革，未虑及人们可以接受的程度，一法未行，又立一法，以致一波未平，一波又起。没有设法减少摩擦和社会震动，尽量争取大臣的支持，而只依靠皇权的力量强行变革，其失败也就可想而知。

变法派的分裂

考察一下熙宁变法派的基本情况，对于弄清这场变法的走向及其失败的原因，也是很有益处的。

变法派除王安石外，主要人物为吕惠卿和曾布。

吕惠卿，字吉甫，福建泉州晋江人，生于宋仁宗天圣十年（1032）。吕惠卿在仁宗嘉祐年间中进士，先为真州推官，秩满入都，与安石相识，并由曾公亮推荐为集贤校勘。吕惠卿很有才能，这似乎是当时人的共识，即令是熙宁新法的反对派，亦不否认这一点。欧阳修在嘉祐三年（1058）给安石的信中说："吕惠卿，学者罕能及，更与切磨之，无所不至也。"嘉祐六年，欧阳修又向朝廷专门推荐吕惠卿。

熙宁二年（1069），安石参知政事，即向神宗推荐吕惠卿说："惠卿之贤，岂特今人，虽前世儒者未易比也，学先王之道而能用者，独惠卿而已。"及创设制置三司条例司，即以吕惠卿为检详文字，此时吕惠卿三十八岁，正当年富力强，安石对他信任有加，"事无大小必谋之，凡所建请章奏皆其笔"，青苗、免役、水利、保甲诸条例，都是惠卿起草。随后推为太子中允、崇政殿说书、集贤校理、判司农寺，又

"召为天章阁侍讲，同修起居注，进知制诰，判国子监，与王雱同修《三经新义》，又知谏院，为翰林学士"。吕惠卿表现了他在经学、政治及经济等多方面的才能，成为熙宁变法的骨干人物。因此，熙宁七年，王安石罢相出知江宁府，就向神宗推荐吕惠卿任参知政事，协同宰相韩绛继续推行新法。在这期间，韩绛被誉为"传法沙门"，而惠卿被称为"护法善神"。

曾布，字子丰，建昌军南丰人，生于仁宗景祐三年（1036），小惠卿四岁。其兄曾巩是王安石的少年同学，与王安石关系密切。曾布嘉祐年间中进士，任宣州司户参军，后知海州怀仁县。熙宁二年，由韩维、王安石推荐，入朝为事，渐见擢用。与吕惠卿共创青苗、免役、农田水利、保甲诸法，后晋翰林学士兼三司使。在熙宁变法中，曾布号称变法派第二号人物，所起的作用在惠卿之上。

此外，还有与安石同领三司条例司的韩绛，集贤校理、中书检正章惇，御史知杂事、判司农寺邓绾，提举市易司吕嘉问，秦凤路沿边安抚使王韶，集贤校理、检正中书吏房李定，知谏院、直舍人院、判司农寺张璪等。

从这些人员来看，除了个别人，如韩绛年岁较大，资格较老外，其余都是所谓少年后进，四旬上下之人。反对派异口同声攻击安石排斥元老重臣，任用少年轻薄之人，从中可以看出变法派人物的特点。

熙宁新法，就其初意来说，在于富国强兵，但除了王安石外，参与变法的人并不是都抱着这一目的。其中的一些人，不过是希望参与这次变革，摄取更多的政治权力和财产。论者常以他们代表中小地主阶级的利益。他们的多数固然出自地主阶级的下层，但谈不上代表所谓中小地主阶级的共同利益，他们最切近的目的，就是使自己爬到大地主阶层中去。以吕惠卿而论，他的确为这次变法作出了重要贡献，无论是制定新法、捍卫新法或推行新法，他都颇多功绩。但应该看到，吕惠卿是一个富于政治野心的人，随着变法的进展，个人政治地位的提高，他的野心也越来越大。熙宁七年，安石罢相，他因安石的推荐而任参知政事，跻身统治集团的核心。为巩固自己的政治地位，他一方面千方百计地提拔和任用自己的亲族和亲信，如其弟吕升卿、吕和卿都得到重用，另一方面又排斥异己。当他看到安石有可能再入相时，就借李逢狱以撼王安石。在财货上，他亦表现出相当的贪婪，在其当政期间，兄弟几人强借秀州富民四千多贯钱购置田产。吕惠卿的种种作为，甚至使一直称赞和信任他的神宗也改变了看法，认为他忌能、好胜、不公。可见吕惠卿参与变法，原不是为了抑豪强兼并，只是想通过参与变法改变自己的地位而已。

曾布也一样。应该说，在制定和推行新法的过程中，曾布也是有很大贡献的。特别是在重臣韩琦上疏极论青苗法之害，神宗思想动摇时，曾布条析批驳韩琦，坚持了青苗法；在御史中丞杨绘论免役法有五不便，刘挚上疏言免役法有十害时，曾布出面驳难，捍卫免役法。在这些方面，其贡献不亚于吕惠卿。但是曾布参与变法，其目的与吕惠卿无异。熙宁七年三月，神宗风闻市易司违纪，降诏令曾布调查。曾布揣摩神宗之意，以为这是取得皇上信任、爬上统治阶级高层的好机会，就对提举市易司的吕嘉问进行种种打击。本来，自初建市易司至后来增损措置，曾布都参与其中。市易司出现垄断市场倾向，妨碍细民经营，这是官办商业的痼疾，无所谓违纪和不违纪。对于新法执行中出现的问题，本应予以研究解决，但曾布对吕嘉问的攻击甚至比反对派更加刻毒，手段也更恶劣，他不但告吕嘉问欺君罔上，还出榜募告吕嘉问的人。这不能不使王安石感到反常，劝神宗不要仓促行事，容他一一推究，以观曲直，免使忠良受到冤枉，并建议神宗让吕惠卿同时参与根究市易司事。吕惠卿参与后，曾、吕二人更是明争暗斗，有如仇敌。以致神宗也不得不向曾布说："惠卿不免共事，不可与之喧事，于朝廷观听为失体。"正因为这样，虽有神宗多次催促结绝根究之事，而所谓根究，却长期不决。王安石终究看清了曾布的险诐，复相后，终未重新起用曾布。

至于其他人，更是等而下之。如邓绾，熙宁三年（1070）上时政数十条，附和新法，由此任集贤校理、检正中书孔目。在京的乡人都鄙视和笑骂他，邓绾则说："笑骂由汝，好官顾我为之。"熙宁七年，王安石去位，他附吕惠卿，及安石复相，他又揭发吕氏华亭田产事，还上言宜录安石子婿，赐第京师，为安石乞恩泽。连神宗都认为邓绾操心颇僻，论事荐人，不循分守。邓绾终被安石斥知虢州。

又如章惇，与吕惠卿以权相私，在其经制南北察访使，差往辰州时，即举吕惠卿妻弟方希觉往军前妄冒功赏。而吕惠卿官军器监，亦举章惇妻弟供奉官张赴在本监任事。及章惇入三司，章、吕即商量特置三主簿，安排惠卿妻弟方希益、惠卿弟升卿之妻兄陈朴任事。又谋擢用惠卿另一弟和卿，把庸懦的和卿说成"风力精强"，吹嘘其为尉"所至必治"。而其父章俞借他的权势，侵占民田。章惇后被控告，罢知蔡州。

这种情况充分说明了变法派人物的复杂性。在变法之初，反对派的势力很大，变法派受到很大压力，他们尚能团结一致，兢兢业业各司其职，不敢怠慢。而当变法渐至顺利，反对派次第遭贬时，一些人强烈的权势欲和财货欲就开始暴露无遗；其内部即明争暗斗，互相倾轧。曾布和吕惠卿都是王安石一手提携的人物，但都以与安石交恶而告终。至于吕、曾互相攻讦，更是情同仇敌。如此等等。

由此看来，与反对派人物相比较，变法派中许多人的道德品质都较低下。反对派中的吕诲将死，司马光前往探视而哭，吕诲于昏迷中醒来，告司马光说："天下事尚有可为，君实勉之！"表现了生死以之的精神。而熙宁变法派人物就缺少这种精神。

王安石是主张用君子去小人的，他对神宗对小人的涵容表现了相当的不满，于身边的险诐之徒，一旦发现，就坚决斥去不用。但在变法中，迫于反对派的强大压力，他往往比较注重一个人的政治态度，而忽视其道德品质。事实上，他的用或不用，常常以是否拥护新法为标准，反对派一直攻击他起用险诐轻浮小人，疏远稳重沉静之人，也不是没有道理的。当然，王安石亦有其内心的苦衷，特别是在罢相复出以后，对于变法派的互相倾轧，对于身边的奸邪险恶之徒，他是有所察觉的。但他又不能不用他们，因为如果完全斥去这些人，新法将无人推行，这正是他的悲哀所在。

新法执行中的问题

熙宁新法的最后失败，还在于执行中出现的许多问题未得到应有的解决。新法制定者的理想是一回事，而实行的结果又是一回事。理想与实践脱节，在历史上是常有的。就熙宁新法看，执行中出现问题比较多的是青苗、免役、市易、保甲诸法。

青苗法施行中的问题

青苗法是在夏秋两季作物未熟之时，官府把常平、广惠仓的粮食折成现钱，贷给生活困难的民户，使其在收成后加息纳还。其本意未尝不好，但在施行中却出现许多问题。首先是常平、广惠仓的粮食折成青苗钱出借的折价问题。虽然条例司和神宗的诏令都说依当年夏秋粮食市价的中等价折钱，既不要定得低，以亏官家，也不能定得高，有伤民户，但各地还是普遍发生折价过高的问题。司马光曾指出陕西的青苗钱折价后，官家取利约近一倍。故司马光反对以米折钱，只主张以粮还粮。

其次是索逼本息问题。青苗钱不是无偿的借贷，民户在夏秋两季归还时需要付息。但在施行中，因为农户不能及时还钱，出现官吏不断索逼的问题，以至农户伐桑为薪以易现钱。这样，倒不如兼并之家的高利贷，虽然比青苗钱略重，但没有索逼，以他物作价归还亦未尝不可。

三是所谓抑配问题。抑配即强制摊派青苗钱。尽管朝廷三令五申，散青苗钱不许抑配，但在推行中，各地还是不断地出现抑配。熙宁二年（1069），诏诸路各置提举一员、管司一员，掌行各路青苗等事。青苗法初行，富户不愿借贷，也无须借贷，提举即令随户等第高下分配，又令贫富相兼，十人为保。这样就把自愿借贷青苗钱变成了强行分配青苗钱。之所以如此，究其原因是官吏的好大喜功。对此，欧阳修在熙宁三年五月的奏疏中，翰林学士、户部侍郎兼侍读范镇在此年十月的奏疏中都曾指出过。可惜这些问题没有引起王安石的重视。

免役法施行中的问题

免疫法将当役人户由差役改为依等第出钱，称免役钱。又规定坊郭户、官户、女户、单丁、未成丁、寺观等旧无差役的，亦按户等出钱，称助役钱。免役法的初意在使当役人户从繁重的差役中解放出来，从而专一于农事，而政府亦得一部分收入，其初意亦未尝不好。但是，问题依然不少。差役既然改为收取役钱，首先是面临究竟收取多少的问题。从推行过程来看，各州县的役钱限额普遍定得很高。两浙提点刑狱王庭老、提举常平仓张靓定两浙一路役钱至七十万缗，以至有的一户出三百千，老百姓在供一岁役钱以外，所剩无几。利州路役钱岁用九万六千六百余缗，而转运使李瑜却不顾民情，竟然收钱二十三万缗有余，计剩钱十四万四百缗。地方官员把役钱定得这么高，为的是讨好上级以图升官。其实，这类情况王安石也不是不知道，当神宗问及两浙定七十万缗役钱时，他不认为这是不得了的大事；相反，地方定得高，由朝廷科减，反而说明朝廷的恩惠。

免役法实施中的第二个突出问题是如何划定民户的等级。在施行免役法的过程中，各地都出现任意升降等第的事：吏人受贿赂则将上等划为下等，及至上等无人则又将下户升等，故农户不愿出钱，而愿依旧充役。熙宁四年（1071）五月十四日，东明县农民以县科役钱不当，千百人到开封府诉超升等第出助役钱事，开封府不受，百姓投诉无所，遂突入王安石私邸。王安石详加解释，许诺"当与指挥不令升等"，百姓才散去。东明事件突出反映了免役法施行过程中的这一问题，后来成为反对派攻击免役法的一个口实。

另外，免役法在施行中还遇到许多其他问题。例如在中国古代自给自足的自然经济社会里，商品经济极不发达，改差役为免役出钱，但民户只有实物而没有钱。在官吏的催逼下，老百姓只好求助于高利贷者，一方面他们固然从繁重的力役中解脱了出来，可另一方面又陷进了高利贷的泥潭，这无异是前门拒狼而后门进虎。所有这些，也都是王安石不曾考虑到的。

市易法实施中的问题

市易法的初衷是为了平抑物价，限制城市豪商兼并之家操纵市场，获取厚利，同时亦可增加政府的收入。但是，以

110

官府置市易务来限制豪商兼并，又无异于以政府兼并代替豪商兼并。政府控制商业，官员就变成了官商，官商的弊病甚至大于豪商兼并。首先是出现了官家垄断市场的问题。熙宁七年（1074）三月，神宗降手札给曾布，要他调查市易务"颇妨细民经营"的问题，而曾布的报告则指控市易务"贱买贵卖，重入轻出，广收赢余"，"挟官府而为兼并之事"。由此而有神宗命曾布根究市易务事。其实，这不能说是吕嘉问目无法纪或市易务违纪，而是官府设市易务控制市场后必然要出现的问题。贱买贵卖是商业经营的规律，如果市易务真的像原先所说，在市场物贱时以高于市价买进，在市场物贵时则以低于市价卖出，以平抑市场物价，那么，市易务做的不是一桩赔本生意吗？对于积贫的北宋政府来说，这样的买卖又如何做得下去？

要解决市易务垄断市场的问题，就必须明确规定市易务的经营范围和职责，不能确定这样的政策界限，则因垄断而妨碍细民经营就势在必然。

其次，官商经营的结果，造成商品质量恶劣不堪。以北宋政府对盐、茶的专卖而言，虽然为朝廷增加了大笔收入，但是，盐茶既由政府包购包销，或包给盐商、茶商销售，由于辗转运送，风吹日晒，库场污染，必然是质量低劣而价格昂贵，以致官家所出的盐和茶皆粗恶不可食。市易法遭到人民的普遍反对，原因就在这里。

保甲法施行中的问题

施行保甲法的目的是加强治安，并组织乡兵与正规军相配合，增强军事力量。这一初衷未尝不好。特别是王安石欲以民兵代替正规军，既减少国家军费开支，又加强防御力量，更是理想高卓，非常人所能虑及。但是保甲法在施行中亦存在不少问题。首先是如何组织的问题，若组织不好，结果反而会骚扰社会秩序。如保甲训练需要置办弓箭锣鼓，由谁出资购买？由官府置办，官府没有这一笔开支；由民户自办，则民户哪里有钱置办？这些问题不解决，则保甲训练就不能落实。从各地的情况看，不少地方都强令民户自行解决，这无疑增加民户的负担。又如训练时间问题，熙宁六年，京畿各地都出现农忙时组织训练的问题，这既达不到抗御外敌的目的，反而带来伤农的后果。如此推行保甲法，又如何赢得民心？

总之，熙宁新法在实施过程中，青苗、免役、市易、保甲诸法存在的问题较多，再加上对西夏关系即和戎，就成为当时议论最多的五件事。王安石在《上五事书》中认为，和戎已见功效，而青苗法已施行，唯免役、保甲、市易三者有大利害在，"得其人而行之，则为大利，非其人而行之，则为大害；缓而图之，则为大利，急而成之，则为大害"。他对免役、保甲、市易诸法推行过程中可能出现的问题，有比较清醒的认识。只是在实施过程中，反对派常常利用这些问题大肆攻击新法和他本人，而他把提出问题者一律视为反对新法者。其实，指出新法中存在问题的，既有反对派，也有拥护派。即令是反对派，其反对新法的态度是一回事，而他们反映的问题又是一回事，二者不能等同。如果不能解决新法实施过程中的问题，即令是最好的新法，亦不能不归于失败。由此看来，在神宗逝世后，新法即被罢废，也就不足为奇了。

王安石个人气质的欠缺

王安石号称通儒，具有儒者的气质，谦恭退让，淡于个人权力欲望，深怀盈满之忧，急流勇退。

王安石自熙宁二年（1069）任参知政事，到熙宁七年四月第一次罢相，其间向神宗提出辞职的请求就有七次。熙宁二年，王安石刚刚任参知政事，吕诲上疏论王安石十大罪状，是年五月王安石乞辞位。熙宁三年，河北安抚使韩琦上疏言青苗之害，神宗谕执政罢青苗，王安石求去。熙宁四年五月，王安石拜相不久，东明县民数千家以县定助役钱不当，相率到开封府，并突入王安石私第告状，后王安石向神宗请辞。熙宁五年五月，王安石和神宗在对李评的处置上意见不一，王安石求去，乞东南一郡。是年六月，王安石又上表札请解机务。熙宁六年正月上元夕，安石从驾乘马入宣德门，守门卫士阻拦并打伤其马，后王安石求罢相。熙宁七年三月，郑侠向神宗上流民图，猛攻王安石，王安石六上《乞解机务札子》请去，并由此导致了第一次罢相。

王安石在熙宁八年二月复相后，在一年多的时间里，更是屡求罢相。在神宗坚决不允，甚至交代有关部门不要递交安石辞相的表章时，安石寄书于同僚参知政事王禹玉，求其在神宗面前代为敷陈，帮助他乞解机务。由此而有熙宁九年十月的再度罢相，赋闲金陵，没有再起。

王安石屡求乞解机务的原因当然很多，从个人的气质上说，就是儒者的时怀盈满之忧。所谓盈满之忧，是说物极必反，亲极必疏，势重必失。《荀子·宥坐》载孔子在参观鲁桓公庙答子路的问题时说："聪明圣知，守之以愚；功被天下，守之以让；勇力抚过，守之以怯；富有四海，守之以谦。"封建时代的一些知识分子，有鉴于统治阶级上层权力斗争的反复和残酷，深怀盈满之忧，而取以退求存、明哲保身的态度。安石写于熙宁后期的诸多诗词，都表露出这种盈满之忧，而求早日退身的心情。可以说，这时他身在庙堂，而心向江湖，身居相位，而心怀田园。如《壬子偶题》说："黄尘投老倦匆匆，故绕盆池种水红。落日欹眠何所忆？江湖秋梦橹声中。"《怀府园》说："槐阴过雨尽新秋，盆底看云映水流。忽忆小金山下路，绿蘋稀处看游儵。"他一边是身居相位，一边是思在归舟，一边是政务缠身，一边是心乐游鱼，他的思想处在激烈的去留矛盾中。而随着政治斗争的激化，"去"进一步战胜了"留"，至熙宁七年，王安石已是去意已决，不可更改了。由此而有熙宁七年的罢相，至于熙宁八年再相后，他有感于变法派内部的人事纠纷，更是心灰意冷。传统儒者的气质，使他在激烈的政治斗争中不是勇往直前而是急流勇退。

有人说王安石具有法家精神，实际上他的气质与先秦法家迥然不同。先秦法家人物大都有一种敢上断头台的精神。商君劝秦孝公变法，相秦十年，宗室贵戚怨望，赵良警告商君说："君之危若朝露，尚将欲延年益寿乎？则何不归十五都，灌园于鄙……可以少安。"而商君弗从。韩非说："智法之士，与当涂之人，不可两存之仇也。"又说："明法术而逆主上者，不僇于吏诛，必死于私剑矣。"王安石和商、韩没有相同之处。

把安石的这种气质和反对派相比较也是饶有趣味的。熙宁三年，天下以新法骚然，反对派的人士邵雍屏居于洛，门人故旧仕官中外者，皆欲投劾而归，以书问雍。"雍曰：正贤者所当尽力之时。新法固严，能宽一分，则民受一分之赐矣，投劾何益耶？"又熙宁四年四月，反对派吕诲将死之际，

115

劝勉前往看望他的司马光不要灰心。司马光则于元祐初言："四患（指青苗、免役、将官及西北边事）未除，吾以死不瞑目。"这说明邵雍、吕诲、司马光等人反对新法都有一种至死方休的精神。人们可以说是顽固，但是反对派既具顽固的气质，而安石却常怀盈满之忧，二者相较，谁胜谁负，也就不言而喻了。

第5章

从政期间的政治哲学思想

王安石的政治思想，是传统的儒家政治思想。他崇尚先王之道，强调所谓理财，主张创立法制，任用贤才。王安石的哲学思想，则与儒者的传统哲学思想有所不同，表现了不畏天变的精神。自然，王安石政治哲学思想并非一开始即是如此，其间有一个变化的过程，表现为前期和后期不同。

法先王之道

《资治通鉴长编纪事本末》载，熙宁元年（1068）四月，神宗召新任翰林学士王安石越次入对，神宗问：方今政治当以什么为先？王安石回答说：当以择术为先。神宗又问：唐太宗是怎样一个人主？王安石回答说：陛下每事当以尧舜为法，唐太宗所知不远，所为不尽合法度，只是乘隋极乱之后，子孙又昏恶，所以才见称于后世。而尧舜"所为至简而不烦，至要而不迂，至易而不难"，只是末世学士大夫不能通圣人之道，所以才以为尧舜为高不可及。在这里，他向神宗提出的就是为治必须取法先王之道。这种思想，王安石是言之再三的，不独越次入对如此。王安石的法先王三代的思想，虽然有着托古改制的良苦用心，但其中也蕴含着他的政治理想。

法先王之道是儒家的传统政治理想。孔子说："礼之用，和为贵。先王之道，斯为美。"孟子说："尧舜之道，不以仁政，不能平治天下，今有仁心仁闻而民不被其泽，不可法于后世者，不行先王之道也。"又说："为高必因丘陵，为下必因川泽。为政不因先王之道，可谓智乎？"儒家的先王之道，亦即王道，相对于以力服人的霸道而言，是以德服人的政治。

王安石比较了王道与霸道，亦即先王之道与霸王之道的区别。他认为，王者之道与霸者之道都用仁义礼信，这是王霸之所同。不同的是，王者仁义礼信有自然之化，而霸者有人为之迹。故王者的仁义礼信有目的意义，而霸者的仁义礼信却只有工具的价值。

如此说来，王者政治不能不比霸者政治高一层次。"故王者之道，虽不求利，而利之所归。霸者之道，必主于利，然不假王者之事以接天下，则天下孰与之哉?"王安石虽不像孟子那样力主王道而斥霸道，但他认为王道高于霸道则是明显的，因为霸者之道如不假托于王道，那是不被天下认可的。

在政治思想史上，与王、霸相对应的是德、刑。王者行道，以其德服人，故先德而后刑；霸者行道，以其假仁而行，故以仁为脂粉，而以刑为鞭策，或者说，外仁而内刑。故王者以德为刑先，霸者以刑为德实。王安石的《原教》说，儒家的道德感化，其特点是感化而不是强行，是自然而不是刻意；而法家的法教，其特点是强制而不是感化，是刻意而不是自然。他深知儒家的德教不同于法家的法教，是赞同德教而不认可法教的。

嘉祐二年（1057），王安石由知常州迁提点江东刑狱，掌所辖地区的司法、刑狱，包括审问囚徒、举劾有关人员、监察地方官吏，类似现在的司法和监察工作。王安石在答朋友王深甫书里说，他在江东，得吏之大罪，有所不治，而治其小罪，以致不知者认为他好伺人小过，而知者又以为他不果于除恶。他所以如此，并不是他要姑息养奸，而是以教为先，治小罪，目的也只是好交差而已。

但是，王安石也深感纯任王者之教或者德教亦有失于偏颇，故他亦杂糅百家，特别是法家政治。他在《三不欺》一文中说：鲁人宓子贱行德治，但德治之大莫如尧，而尧之朝有驩兜这样的恶人，以后为舜所流放，可见德治不能独任；子产行察治，但子产畜鱼，鱼被校人烹吃，而子产被瞒过，可见察治也不能独任；西门豹行法治，但法治的结果只能使"民免而无耻"，可见法治亦不能独任。王安石的结论是杂糅三者，兼而用之。他说："然圣人之道有出此三者乎？亦兼用之而已……盖圣人之政，仁足以使民不忍欺，智足以使民不能欺，政足以使民不敢欺，然后天下无或欺之者矣。"这就是说，圣人之政虽不出于任德、任察和任刑三者，但须兼而用之，杂而行之，然后天下才可以言大治而无欺之者。可见，王安石的思想并不限于德治，这又是他与传统儒学政治家不同的地方。

总之，王安石虽以变法称之于世，但是王安石的法不是刑法的法，而是创立法度的法。王安石的政治思想，在政道上是以儒家的王道为理想，在治道上则兼取百家，杂糅德治、察治与刑治，自成体系。

理财乃所谓义

王安石特别重视财用问题。他在推崇先王之道时，尤其关注它的经济层面。王安石认为，《洪范》言八政，之所以"一曰食，二曰货"，原因是人无不以食为先，"食货，人之所以相养也"。无食货，人类就不能生存。不能生存还谈得上什么祭祀、安居、教育、劝善、待客呢？周公为什么重视理财呢？"所以理财，理财乃所谓义也。一部《周礼》，理财居其半，周公岂为利哉？"总之，"聚天下之人，不可以无财，理天下之财，不可以无义"，故以义理财，构成了王安石政治经济思想的核心部分。

应该指出的是，王安石对北宋王朝财政的虚空表现了极大的担忧。北宋王朝的统治者立国以后，一直把防止农民造反、军阀割据和重臣篡位作为基本国策，这就带来了诸多问题。就对外而言，北面受制于辽，而西北受制于西夏，为了苟且偷安，北宋一贯采取对辽夏妥协的政策。景德元年（1004），北宋与辽订立了澶渊之盟，每年输辽白银十六万两、绢二十万匹。庆历四年（1044），宋和西夏又达成和议，每年赐夏银五万两、绢十万匹。这显然加重了朝廷财政负担。就对内而言，北宋王朝为了得到官僚、军人的拥护，对他们实行非常优厚的待遇，以致冗官冗兵成为北宋王朝突出的问题。有资料表明，宋真宗景德年间官员为一万多人，而到仁宗皇祐年间，时间不过四十多年，官员达到两万多人。在北宋，官员不但俸禄优厚，而且除正常的月俸以外，还有各种名目繁多的补贴，一如清赵翼所说："恩逮于百官者惟恐其不足，财取于万民者不留其有余。"至于冗兵更是严重的问题。北宋王朝为了强化皇权，防止军队叛变，在京师与诸道实行军队彼此相制的政策，这就不能不增加军队的数量；又为防止农民造反，在荒年往往以募兵为手段，把缺粮的强壮农民招至军队，借以转化王朝的敌对力量，更给王朝加上沉重的财政负担。宋朱熹就说："财用不足，皆起于养兵。十分八分是养兵，其他用度止在二分之中。"

在《上时政书》和《上仁宗皇帝言事书》中，王安石曾一再指出朝廷所面临的财政危机："顾内则不能无以社稷为忧，外则不能无惧于夷狄，天下之财力日以困穷，而风俗日以衰坏，四方有志之士，諰諰然常恐天下之久不安。"可以说，在同朝官僚中，王安石是最具忧患意识的一位。

但是，在王安石看来，朝廷财力困穷虽是事实，却不是不可以解决的，只要理财有道，困穷亦能避免。他说："盖因天下之力，以生天下之财，取天下之财，以供天下之费。自古治世，未尝以不足为天下之公患也。患在治财无其道耳。今天下不见兵革之具，而元元安土乐业，人致其力，以生天下之财，然而公私尝以困穷为患者，殆亦理财未得其道，而有司不能度世之宜而通其变耳。"只要以天下之力生天下之财，"取天下之财，以供天下之费"，困穷就不难解决。王安石的"因天下之力，以生天下之财"，是指发展生产；"取天下之财，以供天下之费"是指强化赋税收入。从理论上说，王安石这一方针是合理的，只是在实际上，王安石并没有关注"因天下之力，以生天下之财"，而仅仅偏重于"取天下之财，以供天下之费"，也就是说，他的理财，在主要的意义上，就是强化赋税收入。

在《度支副使厅壁题名记》中，他强调要把财税收支之权，牢牢控制在最高财政机构三司的手里，如果不是这样，则阡陌闾巷之人，都有可能以商贸取利致富，而与人主争利于百姓。人主一旦失去财赋的控制权，所谓人主，也就成为空名号了。如此治天下，那是绝对不可能治好的。在《乞制置三司条制》中，他又一次强调："稍收轻重敛散之权，归之公上，而制其有无，以便转输，省劳费，去重敛，宽农民，庶几国用可足，民财不匮矣。"所谓轻重敛散之权，指对财赋的控制权。这就指明，以义理财，朝廷必须拥有财赋的控制权。过去朝廷没有控制重要物资的往来出入，致使其落入富商大贾手里，使朝廷财匮而用乏。只要从商人手里收回财

123

赋的控制权，以归公家所有，就可以解决国用不足的问题。

在王安石熙宁年间颁布的新法里，只有农田水利法可以算得上是"因天下之力，以生天下之财"。但农田水利法既不是新法中的重要法规，亦未见全面推广实行。有学者认为农田水利法最能体现新法的精神，或者说农田水利法是新法的核心，都不是实事求是之论。王安石所谓的以义理财的基本精神，乃是政府统制财赋，达到富国，以求强兵，而与百姓无干。

治天下在创立法制

王安石认为，法立而政立，法善而政善。战国时期《荀子》载周公礼贤下士，一一亲自接见求见的人，王安石认为这是无稽之谈。如果真有此事，那么周公就不值得推崇，原因很简单，培养人才在于立法兴学，而不在一一亲自接见士人。政治也是这样。史传子产相郑，以其乘舆在溱洧渡人，孟子就批评说，这是"惠而不知为政"。因为"君子之为政，立善法于天下，则天下治，立善法于一国，则一国治。如其不能立法，而欲人人悦之，则日亦不足矣"。在北宋的思想家里，王安石是异常重视创立法制的，也许正是因为这个原因，他被一些人误会为法家。

王安石强调以义理财。他所谓以义理财，事实上与以法理财同义。他说："夫聚天下之众者莫如财，治天下之财者莫如法。""然则善吾法而择吏以守之，以理天下之财。虽上古尧舜犹不能毋以此为先急，而况后世纷纷乎？"因此他尖锐批评当世人士不知法度。他认为北宋王朝内忧外患日重，风俗日渐衰坏，究其原因，即在于不知法度。

需要指出的是，王安石所说的法度是指善法而不是恶法、弊法。要行法度就要变法，即变革历代因袭的恶法和弊法。故行法又以更法为前提。战国时商鞅变法，就提出"治世不一道，便国不法古"。李斯在驳斥反对更法的淳于越时也说："五帝不相复，三代不相袭。"世变事殊，要创立善法，就必须更法。人类如果世守祖宗之法不失，岂不是今天依然停留在茹毛饮血的时代？所以，王安石认为，唯有不断变古，人类才能日进日新；如果拘于古法而不知变，以为祖宗之法世世可守，那还有什么圣人的制作？故为政在变古，而不在复古。

针对反对派"王安石更祖宗之法"的责难，王安石提出了"祖宗之法不足守"的观点。熙宁三年（1070），他在回答神宗的询问时说："祖宗之法不足守，则固当如此。且仁宗在位四十年，凡数次修敕，若法一定，子孙当世世守之，则祖宗何故屡自改变？"在王安石看来，任何朝代都不能世守祖宗之法，亦不可世守祖宗之法。前世变上世之法，今世又变前世之法，后世则变今世之法。法无不弊，法久必弊。故要与时推进，与世迁移，前朝如此，今朝亦如此。

王安石厌恶因循守旧，以为这是变法的最大障碍。他认为因循守旧，在大有作为之时而不为，以至苟且求安，患生而后虑，灾成而求救，那是无益于时、无补于世的。故当司马光遗书指责王安石变法是侵官、生事、征利、拒谏、招致天下怨谤时，王安石作书回答说："如君实责我以在位久，未能助上大有为，以膏泽斯民，则某知罪矣。如曰今日当一切不事事，守前所为而已，则非某之所敢知。"他宁愿变法而招天下怨谤，而不愿因循守旧，苟且偷安，媚俗随从。

但是，毕竟顾忌者、反对者多，王安石还是打出了法先王的旗帜。法先王固然蕴含着王安石的政治理想，但其切近的目的，首先是减少反对变法的阻力。当然法先王是法其意，王安石说："法其意，则吾所改易更革，不至于倾骇天下之耳目，嚣天下之口，而固已合乎先王之政矣。"法先王之道，既可钳服反对者之口，又可实现先王之道，这是事有两利的。

总之，王安石变法，就变法的内容言，其功过是非，自当别论，而王安石这种不愿因循守旧、勇于变古的变法精神，则是可嘉的、积极的。

方今之急，在于人才

王安石屡屡强调人才对理财、法度的决定作用，认为"吏不良，则有法而莫守，法不善则有财而莫理"。王安石从重视理财而重视创立法度，从重视创立法度而重视人才，这是顺理成章、合乎逻辑的。

在政治生活中，王安石深切感受到人才问题的迫切性：如果人才不足，虽欲革新政治，改易更张天下之事，其势必不可能。在著名的《上仁宗皇帝言事书》中，他提出了取之之道、任之之道、养之之道、教之之道的取才、用人、待士、教养的路线和方针。

所谓取之之道，是指取士之道。这主要是，在上者求贤取士，要有至诚恻怛之情，不惑流俗之明，本于乡党推荐而加以察试。

王安石强调，人君求贤要有至诚恻怛之情，以善待天下之士。美名尊爵是人情所愿得，天下士有不能则已，如果有能，又有谁不自勉以为才？问题是人君要有至诚恻怛之心，只要在上者诚心招贤，非愚下之人，未有不出而应聘的。

对当世的科举取士，王安石提出了批评。认为进士考试得不到真正的人才，在《上仁宗皇帝言事书》中，他提出取士必先由乡党或学校推荐，并在德、才、能三个方面加以考察，而后予以爵命与禄秩。在熙宁执政期间，他对传统的科举取士进行大刀阔斧的整改，罢废明经，增加进士录取名额，同时罢废诗赋帖经墨义，只试经义与策论，这就是熙宁新法中著名的贡举新法。

所谓任之之道，是说用人之道。王安石认为，王者用人，人才就会不断涌现，不用，则有才与无才同。在《上仁宗皇帝言事书》中，王安石阐述了任当其宜、久于其任、使行其意、待以考绩的主张。任当其宜，包括才任相宜、才位相宜和责任相宜。才任相宜是指有其才则有其任，无其才则无其任。才小任大，必玩忽职守，任小才大，是荒废其才。才位相宜是说才高者必要位高，才下者必要位卑。责任相宜是说有其任必有其责，无其任则无其责。任轻责重，或任重责轻，都不可能用好人才。所谓久于其任，是说不要轻易迁移官吏的职位和地方。久于其任的好处是，上之人可以了解下情，而下亦安于其教，贤者因有时间可以立功，而不肖者亦因时间之久而得暴露。故居职任事日久，不胜任者不可以侥幸而免，而胜任之才亦不怕事之不终、功之不就。所谓使行其意，是指给人才一定的主动权，使其能够发挥自己的主动性、创造性。至于待以考绩，是指对官吏要进行考核。宋代对官吏的考核是周详的，中央有审官院，地方有考科院。

王安石认为，这种考核的好处，就在于奖勤罚懒，励有功而退无能。

所谓养之之道，是指人才要有适当的待遇和管理，亦即饶以财，约以礼，裁以法。饶以财，是说让人有足够的俸禄以代其耕，既使其生活无忧，能满足日常生活和社交的开支，又可保障子孙后代的生活。没有这一物质的保障，要想使官吏廉洁是不可能的。约以礼，是说制定有关婚丧礼制，倡俭禁奢。由于在婚丧问题上没有一定的礼制，而人们又以奢为荣，以俭为耻，给士人造成了很大的经济和精神负担，以致廉耻之心坏，贪浊之风成。王安石主张改易更张，皇族、官僚奢侈无节的，要加以放黜，以示天下，从而为天下士人作出榜样。裁以法，是指对违教违法的官吏进行惩罚。王安石认为，不先教以道艺，诚不能刑其不从教；不先约以礼，诚不可诛其不守礼；不先任之以职，诚不可罪其不任事。既已教以道艺，约以礼制，任以职事，对违犯不遵守者，就应绳之以法，裁之以刑。

所谓教之之道，是指人才在教，主要是兴学养才。王安石认为，历史上周公的伟大之处，正在立学校以教天下之士，而不是亲自去一一接待天下士人。一个个地搜罗天下之士，那只是春申、孟尝君之行，而不是周公所为。王安石尖锐地批评了当世的教育，认为当世的教育，与其说是培养人才、陶冶人才，还不如说是摧残人才。史载王安石执政期间，大力改革教育，并创立三舍法，改革课程内容，将礼乐刑政和武事皆列为教育科目，又在朝廷设立经义局，重新解释儒家经典，撰著《三经新义》，为官办学校统一教材，以便陶冶成就天下之才。可见他对教之之道的重视。

人才思想是王安石政治思想的重要组成部分。王安石的人才思想是丰富的，广泛涉及人才与政治，人才与法度，人才的选择、任用、待遇与管理，以及人才培养的问题，值得后人重视和研究。

政治思想的变化

王安石一生的政治思想有一个变化的过程，其转折点大约是在嘉祐四年（1059）入为三司度支判官前后。在这之前他反对朝廷的榷盐、榷茶政策，关注和阐述较多的是百姓的利益。这之后，他积极推行朝廷对财赋的统制，关注和阐述较多的是朝廷的利益。这一变化是明显的。

实行对盐、铁、酒、茶等主要商品的官府专卖制度，是我国封建王朝的惯常政策。汉武帝实行盐铁专卖制度，以为这是制四夷、足财用的措施。此后时有兴废。唐乾元以后，朝廷又实行榷盐。宋承唐制，实行盐、铁、酒、茶专卖。但由于官盐、官茶辗转环节过多，质量低劣而又价格较贵，百姓并不欢迎。同时，由于利之所在，私制私贩也难以禁绝。

庆历八年（1048），王安石在鄞县任上，时任浙东路转运使的孙司谏下令辖区吏民向官府纳钱，悬赏告捕私制私贩海盐者，以维护朝廷的专卖地位。王安石不以为然，作《上运使孙司谏书》，劝孙司谏不要令吏民纳钱告捕私制私贩海盐者，认为海边制贩海盐，利之所在，虽日禁而不止，重赏告捕，刑狱必多，而无赖之徒借机无事生非，造成混乱。况且鄞县人多田少，得钱又不易，官府必令纳钱，人民必然卖田以应债，而不能及时纳钱，又必遭州县的鞭械。故令吏民纳钱，有百非而无一是。他力劝孙司谏追还已发的文书，以苏民困。可见王安石并不维护朝廷的榷盐制度。此时，他考虑问题的基点是百姓的利益，而不是朝廷的盐政收入。

王安石对榷茶的态度亦是如此。在《茶商十二说》一文中，他指出政府榷茶，转由政府特许的商人销售的做法有十二条害处。嘉祐四年（1059）王安石入为度支判官。是年二月，朝廷罢榷茶，王安石极为兴奋，作《议茶法》一文，认为这是朝廷的一项便民的政策。因为官营茶叶，一者粗劣不可食，二者私贩不断，严刑峻法加以处罚，伤民又多，而罢榷茶，上述弊端祸患均无。当然，官府的财税收入也是要有的。改罢榷茶令民自贩后，令民缴纳商税，亦可不少于榷茶的收入。由此，他进而否定了西汉桑弘羊的朝廷专卖盐铁之议，认为霍光虽不学无术之徒，却知盐铁专卖不得人心而加以废止。今有宋虽未能尽罢榷货，而废榷茶，正是朝廷善政善法、体恤人民而兴治的开始。足见他对榷茶的反感和罢废的欣喜。

但是，嘉祐四年以后，王安石的政治思想发生了明显的变化。虽然他的法先王之道，以义理财，创立法制没有变，但此前的"以义理财"以富民为归宿，而此后的"以义理财"则以富国为目的。

王安石政治思想的这种变化，与他任职中央有关。嘉祐四年秋，王安石入为三司度支判官。北宋所谓三司，是国家最高财政机构，由盐铁、度支和户部合成。盐铁掌坑冶、商税、茶盐等收入，户部掌户口、两税等事务，而度支则掌各种财政的开支。度支判官是三司的属官，辅助长官管理所属事务。也许，正是因为进入国家最高财政机构，王安石开始为国家财政收入着想。次年，他在《度支副使厅壁题名记》里，就提出天子要统制财税的问题。王安石认为，天子如不能统制财税，则阡陌闾巷之人，都有私取予之势，擅万物之利，以逞其无穷之欲。如此，所谓天子，剩下的不过是一虚名。故虽上古尧舜，治天下亦不能不以理财为念。此时，他所谓的理财，其实际意义，也就是增加国家的收入。过了八年，王安石被任命为参知政事，厉行变法。试观王安石新法，其中心点在富国，即朝廷统制运输、借贷、商贸，而不仅仅限于盐、铁、茶、矾等大宗商品的专卖了。

在《乞制置三司条例》一文中，王安石更提出把富商大贾主导市场的权力，收归官府。其措施是，加强六路发运使的权力，不但赋以重权，而且为其提供钱货采办上供之物，以便主导市场物价。于是在熙宁二年行均输法，三年行青苗法，四年行免役法，五年行市易法。王安石的均输法是官府垄断运输和采购，青苗法是官府垄断民间借贷，免役法是官府敛集钱财，至于市易法，则是官府参与经商，以至对一般商品乃至于水果进行垄断。这与嘉祐四年以前他主张废罢榷盐榷茶等思想，相去十万八千里。

王安石有抑兼并的思想，亦有"愿见井地平"的想法，这见之于早期写的许多诗。如《发廪》说："先王有经制，颁赉上所行。后世不复古，贫穷主兼并。非民独如此，为国赖以成。筑台尊寡妇，入粟至公卿。我尝不忍此，愿见井地平。"这里的抑兼并是为百姓考虑的，亦即限制富商大贾、豪强地主对人民的过度剥削。但王安石变法期间的抑兼并，纯是以政府的兼并取代富商的兼并，与早年的抑兼并不是同一性质的问题。工安石早先的抑兼并，是为富民，变法期间的抑兼并，是为富国，或者说为政府敛财。这种抑兼并，只为官府敛集大量钱财，而与民无干。

论王安石的政治思想，必须看到前后的变化。在历史上，凡贬王安石者，多以其熙宁年间为政府敛财为词，而近世褒王安石的学者，又多以其早期的富民思想解释其熙宁年间的变法，而不知熙宁年间王安石的政治思想，与其早年的政治思想不可同日而语。

五行以耦对成万物

王安石认为，天地万物是由五行演化而成的。首先，太极生五行，然后五行生万物。王安石所说的太极，是与天、道、阴阳同一层面的概念。太极生五行，即天生五行，道或阴阳生五行。所谓五行，在传统哲学中，是指水、火、木、金、土。在历史上，五行家认为，天地之数十，"天一，地二，天三，地四，天五，地六，天七，地八，天九，地十"。奇数阳而偶数阴，天为奇数，地为偶数，故天阳地阴，阳生阴，水是阴，故天一生水，阴生阳，火属阳，故地二生火。王安石推衍了这一理论，认为天地阴阳相错，奇偶相杂，由是生水、生火、生木、生金、生土，而后五行相配而成万物。王安石还认为，五行表现于万物，水为精，火为神，木为魂，金为魄，土为意。火在水后，故神从精；木在火后，故魂从神；金在木后，故魄从魂；土在水火木金后，故意在精神魂魄具而后生。所以五行是天地万物形成的基本要素。

王安石还详细描绘了五行的特性，它们有时、位、材、气、性、形、事、情、色、臭、味等不同，如水之性是润下，火之性是炎上，木之性是可曲直，金之性是可从革，土之性是可稼穑，以此类推，则万物之性可以类知。正是具有不同特性的五行的错杂因革，才产生和形成了天地万物。

问题是，五行为什么能相错杂、相因革而生变化，终于成万物之功呢？王安石指出，这是因为五行有耦有对。王安石所谓的耦，亦是指对，亦即我们现在所说的对立面的双方。《易·系辞下》说"阳卦奇，阴卦耦"，即这一意思。在王安石看来，五行有时、位、材、气、性、形、事、情、色、臭、味的不同，如时有春、夏、秋、冬四季，位有东、西、南、北、中，材有金、木、水、火、土，气有雨、旸、燠、寒、风，性有仁、义、礼、智、信，形有耳、目、鼻、口、心，事有貌、言、视、听、思，情有喜、怒、哀、乐、怨，色有青、黄、赤、白、黑，声有宫、商、角、徵、羽，臭有膻、焦、香、腥、朽，味有辛、酸、咸、甘，等等。推而及于其他事物，亦无不如此。要之，是柔与刚、明与晦的对立。正由于有这种对立，所以有正与邪、美与丑、坏与好、凶与吉等价值判断上的对立。性命道德之理，正是根源于五行中的耦与对。王安石还指出，耦之中又有耦，因此造成了天地万物的无穷变化。

王安石还指出由五行中耦对而成变化的两种方式，一种是相生，一种是相克。相生，指五行中一个产生一个，如木生火，火生土，土生金，金生水，水生木，等等。相克，指一个制服一个，如木克土，土克水，水克火，金克木，等等。王安石认为，以有相生，事物才有前后相继，以有相克，万物才有互相矫正。以相继，自然社会才有时间上的延续，以矫正，五行才能错杂而成器物。在他看来，《大禹谟》所以以水、火、金、木、土、谷为序，是就相克而言；《礼记·月令》所以以木、火、土、金、水为序，是就五行的相继而言。对于五行家关于五行相生相克的观点，王安石是全盘继承的。

总之，王安石在解释《洪范传》时，抛弃了它的天人感应论，而采取了它的五行说，并以之构建自己的宇宙生成论。王安石的这一宇宙论，是有辩证色彩的。

天变不足畏

天变不足畏，是熙宁变法时期的反对派加给王安石的罪责。事实上，王安石虽然提出过"祖宗不足法""人言不足恤"，却没有明确提出过"天变不足畏"，然而在思想上，王安石还是有"天变不足畏"之痕迹的。这一句话，可以说反映了王安石的哲学风貌，特别是熙宁年间的哲学风貌。

在封建社会，天命论是社会的统治思想。它不仅是封建士大夫的一般宇宙观，同时也是政治斗争的工具。北宋熙宁年间的反变法派，也无不以天命论为依据，反对变法。如御史吕诲说：方今天灾屡见，若安石久居庙堂，必无安静之理。灵台郎尤英言：天久阴，星失度，宜退安石。富弼道：王安石进用多小人，以致诸处地动。范镇云：乃者天鸣地震，皆新法劳民之象。郑侠说：熙宁七年大旱，由安石所致，去安石天必雨。文彦博谓：市易司卖果实，与天下争利，致使华州山崩。如此等等。反对派的这些说法，是其反对变法的口实，也深深地影响了神宗，因为神宗笃信天命。

但是，天命论并不是反变法派的专利，变法派当然也可以利用。具有不同立场的政治集团和政治人物都可以把天命拉到自己这一方而反对另一方。特别在天人感应论盛行的时代，更是如此。如汉元帝时外戚宦官专权，大臣萧望之等人反对外戚，时有日食，外戚史高和宦官恭显之徒即归咎于萧望之，而萧望之等人亦归咎于恭显之徒。王莽篡权，制造图谶为自己服务，而反对王莽的人，同样制造图谶为推翻王莽造舆论。那么当郑侠说天旱是由安石变法所致，当文彦博说华州山崩是市易司卖果实所致,王安石等人为什么不可以说天旱是反对派反变法所致,华州山崩是文彦博反对市易司的结果呢?似乎王安石也曾想到这一层意思,例如他对神宗说过:"华州山崩,原不知天意为何,若有意,必为小人发,不为君子。"他是完全可以用天命论反对司马光等人的。但是,哲学不能只是反对异己的工具,而首先是自己安身立命之所。或者说,哲学的功能首先不是用以制敌,而是用以安己。天命论固然可以用来反击反对派,但变法派却不能以此安身立命。因为天命论是懒人哲学,一旦相信了天命论,必然是无所事事,如果人事都由天命决定,则无须人的努力。故因循守旧者多与天命论有着亲缘关系,而变法者却不能以此作为自己安身立命之所,必须强调人事,而不是天命或天变。没有人事,又何来破弊俗、立法度呢?

因此,整个熙宁变法期间,王安石一直强调修人事,而不是畏天变。熙宁七年(1074)夏四月,神宗以久旱不雨,忧见容色,每辅臣进见,未尝不叹息恳恻,欲尽罢保甲方田等。王安石对神宗说:水旱是常数,尧和汤都难以避免。陛下即位以来,累年丰收,现在虽逢年旱,应当益修人事,以应天灾,不足为虑。熙宁八年冬十月,彗星出东方,神宗诏中外臣僚直言朝政之失,王安石又对神宗说:晋武帝时多次出现彗星,而其在位二十八年,天文之变无穷,人事之变无已，上下附会，或远或近，也只是偶合罢了。重要的是修人事。只要修人事，天变也就不可怕了。更不应以天变而动摇推行新法的决心。从此意义上说，他的确有"天变不足畏"的思想。

需要指出的是，王安石认为，不畏天变并不是说天道、人事彼此没有关系，人们可以对天变不在乎，而只是说，天变不是政治行为所造成的，对天变本身要认真对待，修人事以消除天灾。在这个意义上，对天变亦要畏惧，不畏惧是不对的。在《洪范传》里，他指出，在天人关系上有两种错误理论，一是天人感应，"以为天有是变，必由我有罪以致之"。有了这种思想，就会受其蒙蔽而无所进取。这是王安石所反对的。另一种是天人相分说，"以为灾异自天事耳，何豫于我，我知修人事而已"。由此不知取法天地，统理万物，把自己从天地万物中孤立出来，则其结果一定是因循怠慢，虽曰修人事，其实是不知如何修人事，这也是他所反对的。在王安石看来，修人事应当是质诸天地自然的，即"以天下之正理考吾之失"。他劝神宗修人事，即是在这一意义上的修人事。

当然，也不能说王安石完全不相信天命，或者说，他一贯明确地主张"天变不足畏"，他有时也相信天命。他常以"畏天变"来称誉神宗，固然是应景之词，但他有时也径直劝神宗祈天永命。这说明了王安石思想的矛盾，身为宰辅大臣，他毕竟不能完全摆脱天命论这种统治思想的影响。

性无善恶，情有善恶

与历史上的"性善""性恶"或"性善恶混"等观点不同，王安石主张性无善恶，而情有善恶。性之所以无善恶可言，因为性是本体，本体不可见，不可以善恶言，一如太极生五行，五行虽有利有害，而太极却不可以言利害。情所以有善恶，是因为情是性的作用，以其作用的对象不同，故情有善有恶。

自然，王安石说情有善恶，不是说情本身有善恶，而是说，在情接物而起时，有当于理不当于理之分，当于理则为善，不当于理则为恶。在他看来，性情的关系，有如弓和矢的关系一样。性如弓，而情如矢，性发情动，有如弓发矢射，中于目标则为善，不中目标则为恶，射中敌则为善，伤及无辜则为恶。故情是善是恶，要看它发动时，合不合于道德的原则。

王安石批评了孟子的性善论。孟子说性善，是因为人人皆有恻隐、羞恶、辞让、是非之心。王安石认为，孟子的人皆有恻隐之心等四端即以性为善，那就应该是所有的人都无怨毒之心而后其论立，而人难道都无怨毒之心吗？在王安石看来，有恻隐之心者固然多，但只要有一人怀怨毒之心，就不能说人性即善。况且，孟子以恻隐之心为性，原因是恻隐之心内在于人，但怨毒之心也是内在于人的，其内在而发于外，与恻隐之心并无不同。故人性不能说即为善。

王安石亦批评了荀子的性恶论。荀子说人性恶，是因为依人性的自然发展，必导致"犯分乱理而归于暴"，而善则是后天陶铸的结果，但如果人性善是后天所成，那就应该是恻隐之心人人皆无。在王安石看来，只要一人有恻隐之心，就不能说善都是后天的人为。荀子以陶人化土为埴作喻，言善是人为的，但陶人所以能化土为埴，这本身就说明土有可化为埴的特性，而并非全是人为，否则，陶人为什么不化木为埴，而只化土为埴呢？

王安石亦不同意扬雄的性善恶混说。王安石认为，性善恶混，虽然近似正确，但依然有问题。因为性固然可以为善，可以为恶，但性本身却不可以言善恶。在王安石看来，人性既有向义一方发展的要求，亦即所谓正性，亦有向利一方发展的趋向，亦即所谓不正性。扬雄言性，不过是兼正性与不正性而言，但不能即此就说人性是善恶混。

对韩愈的性三品说，王安石亦提出了批评。韩愈认为性就品级言有上、中、下三个等级，上善而下恶，就内涵言是仁、义、礼、智、信。王安石认为，韩愈的这一观点是矛盾的。因为韩愈既以仁义礼智信为性，那么性就该是善，而又说性的下品是恶，难道仁义礼智信五者可以称为恶吗？

总之，孟、荀、扬、韩言性，他们所说的性都不是性，而只是情，或者是习，性无善恶可言，而情或习则可以为善，亦可以为恶。他最终以习来说明善恶问题。

为什么习既能使人向善，又能使人向恶呢？因为习首先是人的修习，如果有人羞善行之不修，恶善名之不立，而尽力于修善，以此扩充其羞恶之性，那么其成贤成圣就是必然的。如果有人羞利之不厚，恶利之不多，而尽力于求利，以此扩充其羞恶之性，那么其成为不肖也是必然的。其次，王安石所谓的习还指社会风俗的熏染。他认为，近朱者赤，近墨者黑，俗正而行善，俗恶而邪盛，风俗关乎世道人心，迁染民性是极为重要的，故圣人治理天下，行道德教化，在于正风俗而已。

王安石重新解释了孔子的"上智下愚"。他认为，孔子所谓的上智下愚与中人，都不是就生而言，都是就习而言，亦即就不同的修习结果而言。一直习于善，这就是上智；一直习于恶，就是下愚；而有时习于善，有时习于恶，这就是中人。以其习之不移，故有上智下愚不移。不移原是就习的结果而言，不是就人的先天品质而言。王安石的这一解释，

142

是对孔子上智下愚的合理解释。

因为重视修习，王安石也就特别重视改过。他认为，过是人所不免，贵在能改。迁善改过即是修习，迁善是正面而言，改过是反面而言，迁善即意味着改过，改过即是迁善。这是一个问题的两个方面。他还特别强调改过可以养性。一个人，财失复得还是其财，"善性失而复得，依然是其性"。只有习善，才能致善，习于邪恶，始成其恶。慎于修习，善者愈善，而恶者去恶。王安石的这些观点，都是合理的、积极的。

经学方法论

所谓经，在一般意义上，是指古代的著名典籍，主要是五经，即《诗》《书》《易》《礼》《春秋》。有时也称儒家的典籍为六经，因为儒家五经之外，还有《乐经》，一说《乐经》后来佚失，一说《乐经》即《礼记》中的《乐记》。通常称五经。

所谓经学，是指对经的解释与阐述。儒家的五经，就其本意言，《诗》不过是殷周之际的诗歌总集，《书》不过是殷周两朝官方文件的汇编，《礼》不过是古代礼仪制度的总汇，《易》不过是古代占卜的书，《春秋》则是孔子所著的历史书。后世学者结合当代的政治，不断地对五经进行新的解释与阐述，形成了所谓的经学。特别是汉武帝"罢黜百家，独尊儒术"以后，经学成为中国封建社会文化的正统，几千年绵延不绝。

在古代，经学以其方法的不同，形成了不同的流派，主要有今文经和古文经。汉代的学者，以当时通行的文字写成五经定本，他们注重经文中的"微言大义"，被称为今文经学。今文经学最重视的是《春秋》。汉武帝时，董仲舒用阴阳五行解释《春秋公羊传》，以巩固西汉大一统政权，开创了后世今文经学派。相对于今文经而言，古文经则是用秦以前的古文字写成的典籍。由于古文字歧义甚多，汉代，特别是东汉的学者，就用训诂的方法加以训释和整理，被称为古文经学。古文经学认为五经只是古代历史的记录。这一观点，即清代学者章学诚概括的"六经皆史"。古文经学最重视的是《周礼》，汉代王莽变法依托的主要典籍就是《周礼》。在漫长的封建社会里，古文经学派与今文经学派不断地进行斗争，又互相融合，汇成了中国古代经学的长河。中国古代的大思想家、政治家，他们的思想都与经学结下了不解之缘。他们的哲学、政治、伦理、社会思想，往往通过经学加以发挥，经学是他们表达思想的载体。王安石也是这样，他的思想即蕴于《三经新义》之中。

在对六经的解释上，王安石主张舍弃历来的传注之学，亦即汉唐学者对六经的注释与疏解，而以己意解经。以己意解经不是只读六经文本，而是提高自己的知识素养去解经。在《答曾子固书》里，他强调读经不能只在经书文本上下功夫，只在文本上下功夫，虽读经而不足以知经。重要的是读经者要拓宽自己的知识面，提高自己的学识与文化素养，对于各类书籍，更要无所不读，无所不晓，唯有这样，才能加深对经的理解，不为异学所乱。他谈了自己广读百家诸子的经验体会，并举出汉代扬雄无所不读的例子。王安石这里其实是说，一个人对经的理解，皆以自己的知识、素养为尺度，对六经的深刻理解，首先不是依靠传注，而是必须提高自己的学养，亦即自己的悟解能力，唯此才能知经识经。

王安石又提出了以字解经。字是构成经的基本单位，而字是有其客观意义的，故不能舍弃文字而解经。史载王安石著《字说》，此书后世已佚，仅在某些学者的著述中保存了部分内容。可以肯定的是，《字说》不是一部文字学著作，而是一部经学字典。对于字，王安石虽然强调它的自身含义和客观内容，但这一含义和内容是什么，各人的理解应该是不同的。王安石则强调心悟和会意。心悟是指自己的体悟，会意则是指以文字的意涵理解字。《邵氏闻见录》说：王荆公晚年说字。有人问霸字为什么从西？荆公说西在方域主杀伐。有人说，霸字从雨不从西。荆公就说有如时雨所化。邵氏的这一说法，虽说是出于对王安石的诋毁，但也为我们提供了王安石由会意说文解字的基本思路。

王安石主张舍弃传注，以己意解经，而不能只读六经文本。这从一方面说，无疑是有道理的。但人的主观素养与学识不同，彼此相差甚远，这样，在解经上会不会千人千义，万人万义呢？究竟六经的意义有没有客观的准绳？王安石在提倡舍弃传注的时候，不能不面对这一问题，故他又主张以字解经。以字解经与以己意解经在逻辑上存在矛盾，但王安石注重以会意说字，他虽然认为字有其客观含义，而实际上还是以己意说字，这样，以字解经又回到了以己意解经。王安石的这种解经方法论，似与以后陆九渊提倡的"我注六经"相一致。

第6章

赋 闲 金 陵

　　熙宁九年（1076）十月，王安石乞解机务得到神宗的允许，以镇南军节度使、同平章事判江宁府。次年安石辞去判江宁府官衔，以使相职衔而食其禄。所谓使相，在职衔上同宰相，只是使相不参与政事。后安石上表又辞使相，乞以本官领宫观。所谓宫观，是用来安置退休宰相的无实职的官名，只是借名食禄，称为祠禄。得到神宗的允许后，自此安石食祠禄，居钟山，直到元祐元年（1086）四月逝世，赋闲金陵将近十个春秋。

营居半山园

王安石在熙宁八年复相后，即托人在江宁城外白塘购置田产，以备退身之用。他在《送张拱微出都》诗里说："子今涉冬江，船必泊蔡洲。寄声冶城人，为我问一丘。"这里的"为我问一丘"，即指购置白塘田产。故在第二次罢相后，他就开始在白塘营造半山园。

白塘在江宁城东门外至蒋山的半道上，原是一片低洼积水之地。安石在此营造的宅舍，以其离城七里，离蒋山亦七里，故名之半山园。

营居半山园正式开始于元丰二年（1079），安石《示元度》的诗曾自注为营居半山而作，诗说："今年钟山南，随分作园圃。凿池构吾庐，碧水寒可漱。沟西雇丁壮，担土为培塿。扶疏三百株，莳棟最高茂。不求鹓雏实，但取易成就。中空一丈地，斩木令结构。五楸东都来，剷以绕檐溜。老来厌世语，深卧塞门窦。赎鱼与之游，喂鸟见如旧。独当邀之子，商略终宇宙。更待春日长，黄鹂哢清昼。"元度是安石二女婿蔡卞的字。诗的大意是说：自己在钟山南面营居半山园，雇人凿池构屋，浚沟引水，担土为丘，种植树木，不求豪华，只取易成，为的是有一栖身之所、会友之处。

王安石的半山园是很粗陋的。但周围却颇有人文景观：其北面是谢公墩，相传是东晋名臣谢安的故宅旧址，这是安石常去游憩的地方；南面有定林寺，安石在寺内有一间房，作为读书之地；其附近还有孙权墓、宝公塔等，亦是王安石常去的地方。

对半山园的环境，王安石相当满意，他的许多诗词，都道及半山园环境的幽美可人。如《浣溪沙》说："百亩庭中半是苔，门前白道水萦回。爱闲能有几人来？小院回廊春寂寂，山桃溪杏两三栽。为谁零落为谁开？"又如《菩萨蛮》说："数家茅屋闲临水，轻衫短帽垂杨里。今日是何朝，看予度石桥。梢梢新月偃，午醉醒来晚。何物最关情，黄鹂一两声。"王安石在半山园过着远离政治的闲适生活，在这种闲适的生活里，他的精神得到了某种解脱。这与当年陶渊明辞去彭泽令归家乡居的心情是相通的。故安石此时的诗作，无不表现出渊明遗风。

安石在半山园前后度过了六年时光。元丰七年（1084），生了一场大病，痊愈后即上表神宗皇帝，请允许他舍宅为寺，在得到同意后，即在城里另租秦淮民宅以居。王安石城中的秦淮住宅其小，凡天热，就折松枝架栏御暑。他的《秋热》说："火腾为虐不可推，屋窄无所逃吾骸。织芦编竹继檐宇，架以松栎之条枚。"王安石舍宅为寺，移居秦淮小屋，是他病后思想进一步倾向佛老的表现。

寻 山 问 水

孔子说：仁者乐山，智者乐水。寻山问水是安石赋闲金陵生活的重要部分，也是他晚年的精神寄托。

安石罢相后，神宗曾赠予一马，他自己又买一驴。凡出游，或骑马或骑驴，不坐轿。元丰初，不幸马死，就专骑驴，又雇一卒牵驴。他的《马毙》说："恩宽一老寄松筠，晏卧东窗度几春。天厩赐驹龙化去，谩容小蹇载闲身。"

王安石出游，随随便便，没有排场，没有预定的目的地，随兴所至。王巩的《清虚杂著》说：王荆公居钟山下，出游就乘驴，有一卒牵驴而行。问其指使：相公欲到哪里？指使说：如是牵卒在前，就听牵卒。如果牵卒在后，就听任驴之所至。或者相公欲止即止，或坐松石之下，或访田野耕凿之家，或入寺院。只是随身所带，未尝无书，或骑驴而诵，或休息时而读。随身所带的囊中盛数十个饼，相公食罢，就给牵卒，牵卒吃剩，就喂驴。或者田野人家邀他吃饭，他亦受邀而食。总之是游无定所，或数步复归，近于无心者。王安石这种随随便便的样子，丝毫不像是一个做过宰相的人，倒像是个村夫野老。而他的游无定所，则近于魏晋时代阮籍不由径路的率意独驾，他们都在这种游无定所和率意独驾里，找到精神的寄托。

金陵的历朝遗迹，安石在其赋闲的日子里几乎都去过。清凉寺在江宁西北清凉山上，五代吴顺义中兴建，南唐为法眼宗道场，安石几度前往游憩。他的《清凉寺白云庵》说："庵云作顶峭无邻，衣月为裓静称身。木落冈峦因自献，水归洲渚得横陈。"可见他对清凉寺的喜爱。孙陵是吴大帝孙权丘墓所在处，又称孙陵岗、蒋陵，位蒋山之南，离城十五里。齐武帝曾宴群臣于孙陵岗。半山园距此不远，安石常往游憩，他的《次韵酬朱昌叔五首》之三说："乌榜登临兴未休，共言何许更消忧。联裾萧寺寻真觉，方驾孙陵吊仲谋。"游孙陵，安石时常有兴亡之感。谢公墩在半山园北边，是东晋名臣谢安的故宅遗址，更是安石常到的地方。他的《谢公墩》说："走马白下门，投鞭谢公墩。昔人不可见，故物尚或存……小草戏陈迹，甘棠咏遗恩。万事付鬼箓，耻荣何足论。"安石对谢安的功业有着欣羡之情，尽管谢公墩只是一个土堆，他却每每流连忘返。秦淮河是金陵名胜，唐杜牧有诗说："烟笼寒水月笼沙，夜泊秦淮近酒家。"王安石也常来泛舟，他的《秦淮泛舟》说："强扶衰病牵淮舸，尚怯春风溯午潮。花与新吾如有意，山于何处不相招。"王安石在病体未痊愈之时即来泛舟秦淮，可见他对秦淮的钟情。齐安院也是他常去的地方。齐安景色优美："日净山如染，风暄草欲薰。梅残数点雪，麦涨一溪云。"安石的《庚申游齐安院》说："水南水北重重柳，山后山前处处梅。未即此身随物化，年年长趁此时来。"诗言"年年长趁此时来"，可见他对齐安的眷恋之情。宝公塔亦是他经常去的处所。宝公塔在钟山南，梁天监年间为纪念僧志公而建，其西北边即是定林寺。安石的《重登宝公塔复用前韵》说："空见方坟涌半霄，难将生死问参寥。应身东返知何国，瑞像西归自本朝。遗寺有门非辇路，故池无钵但僧瓢。独龙下视皆陈迹，追数齐梁亦未遥。"登宝公塔，或放眼天地万物，或遥想齐梁旧事，此时他总是感慨良多，难怪他对宝公塔情有独钟。八功德水亦是安石为之留恋的地方。这是一个池，位于蒋山悟真庵后。梁天监中，有胡僧开凿此池。佛经谓须弥山大海中有八功德水，一甘、二冷、三软、四轻、五清净、六不息、七不损喉、八不伤腹，故以池名八功德水。安石对八功德水特别喜爱，他引八功德水作小港，在其上垒石作桥。他的《与望之至八功德水》说："念方与子违，恼恍夜不眠。起视明星高，整驾出东阡。聊为山水游，以写我心悁。知于不铺糟，相与酌云泉。"八功德水静如明镜，寒若冰玉，净无纤尘，一瓢下肚，物我两忘，烦恼全消，故安石对它特别喜爱。

自然，王安石去得最多的地方还是定林寺。定林寺有上定林寺和下定林寺。上定林寺在蒋山应潮井后，宋元嘉年间禅僧竺法秀造；下定林寺在蒋山宝公塔西北，亦建造于宋元嘉年间。王安石在下定林寺有一间僧房作为读书处，名昭文斋。他的《定林所居》说："屋绕湾溪竹绕山，溪山却在白云间。临溪放杖依山坐，溪鸟山花共我闲。"安石罢相居金陵，写了很多关于定林的诗，安石的定林诗，皆精深华妙，有很高的艺术境界。

王安石在金陵的游处还很多，如栖霞、玄武等等。安石的《次韵酬朱昌叔五首》之五说："乐世闲身岂易求，岩居川观更何忧。放怀自事如初服，买宅相招亦本谋。名誉子真矜谷口，事功新息困壶头。知君于此皆无累，长得追随圹埌游。"在寻山问水中，他得到了极大的精神满足。

寄 情 佛 道

王安石虽号为通儒，但与当时大儒程颢、程颐、张载等不同，程、张反佛道而王安石好佛道，特别是晚年，安石更是如此。

安石认为，道不能统一，而有儒、佛、道之分，由来已久。后世的博闻该见之士，欲加以"补苴调脏"，希图统一，终究力不足而无可为。佛和老庄以无思无为，退藏于密，寂然不动教天下而传后世，故佛老之徒，"多宽平不忮，质静而无求"。其不忮，有似儒家的仁；而无求，有似儒家的义。方今乱俗不在于佛道，而在于学士大夫沉没于利欲之中，不能自拔。因此，安石喜欢佛道之士。这一点，他与柳宗元、刘禹锡等人相类似。

王安石在罢相赋闲金陵以后，好佛道的思想和感情有了进一步发展，以至听讲佛法、读经、研习佛道义理成了他生活的重要部分。这在他晚年的诗词中，多有反映。《宝公塔》说："道林真骨葬青霄，窣堵千秋未寂寥。宝势旁连大江起，尊形独受众山朝。云泉别寺分三径，香火幽人止一瓢。我亦鹫峰同听法，岁时歌呗岂辞遥。"这里所记的是他去宝公塔听讲佛法的事。又《北窗》说："病与衰期每强扶，鸡壅桔梗亦时须。空花根蒂难寻摘，梦境烟尘费扫除。耆域药囊真妄有，轩辕经匮或元无。北窗枕上春风暖，漫读毗耶数卷书。"这里所说的是他读佛经的事。

考查安石晚年所读的佛经，主要是《维摩诘经》和《楞严经》。他的《读〈维摩诘经〉有感》说："身如泡沫亦如风，刀割香涂共一空。宴坐世间观此理，维摩虽病有神通。"维摩诘为毗耶离的大乘居士，曾与文殊师利共论佛法，认为解脱不一定出家。只要在主观上修养，则虽有资生而实无所贪，虽有妻妾而远离五欲。也许维摩诘的这一观点，正符合

154

王安石在家而信奉佛教的需要，故他对《维摩诘经》表现出特别的爱好。安石的《次吴氏女子韵二首》之一说："秋灯一点映笼纱，好读《楞严》莫念家。能了诸缘如梦事，世界唯有妙莲花。"可见他对《楞严经》的喜爱。《楞严经》又称《大佛顶首楞严经》《首楞严经》或《大佛顶经》。经中阐述佛教心性本体论，认为"一切世间诸所有物，皆即菩提妙明之心；心情遍圆，含裹十方"，众生不明白自己心体"性净妙体"，故流转生死，唯有视生为梦，视色如幻，才能破除各种偏见。王安石的疏解，我们未能看到，但从他晚年诸多阐述佛理的诗篇里，依稀可以看出他受《楞严经》思想的影响甚深。

安石晚年所信奉的主要是禅宗。在安石晚年的诗作里，随处可见禅的气息，有许多诗本身就是用的禅宗语言。如《即事二首》说："云从钟山起，却入钟山去。借问山中人，云今在何处？""云从无心来，还向无心去。无心无处寻，莫觅无心处。"《题半山亭二首》之一说："寒时暖处坐，热时凉处行。众生不异佛，佛即是众生。"王安石的这些诗，都富有禅宗的智慧，用的也是禅宗的语言。

元丰七年（1084）春，安石生了一场病，甚重，曾有两日不能说话。这年五月，神宗诏蔡卞赴江宁省视。六月，安石始病愈。此时，他感到多年经营的半山园也是累赘了，就给神宗上了一道奏章，乞以所居园屋为僧寺，并乞赐额，神宗赐以"报宁禅寺"。同时安石又乞将他在江宁府上元县的荒熟田割给蒋山太平兴国寺，为其父母和儿子王雾营办功德，亦得到神宗的同意。在做完了这两件事以后，安石有了精神上的解脱感，足见他对佛法相信之深。

安石晚年不仅在佛学里找到精神慰藉，而且从老庄哲学里，特别是庄子的哲学里也同样找到慰藉。

安石早年对庄子虽然也有所肯定，认为庄子的同是非、齐彼我、一利害是为矫正天下之弊，并非不知圣人之意，但在总体上，他对庄子是否定的。因为矫枉过正，又是一枉，故庄子不足取。但安石晚年对庄子的态度却有很大的变化，从否定庄子变成爱好庄子。他说："墨翟真自苦，庄周吾所爱。万物莫足归，此言犹有在。"特别是对庄子的人生哲学，他有一种心灵上的感通。他的一首《杂咏》说："万物余一体，九州余一家。秋毫不为小，微外不为遐……近迹以观之，尧舜亦泥沙。庄周谓如此，而世以为夸。"安石早年曾劝神宗以尧舜为法，屡驳老庄之徒诋毁儒家的仁义道德。但在这首诗里，他却肯定庄子道归自然、秕糠尧舜的思想，而驳世俗以庄周为荒诞不经。

在中国封建社会里，儒主入世，故言仁义道德，修齐治平；道主避世，故倡自然无为，物我同体，与道为一；佛主出世，故以人生为苦，万物为幻，遗形绝俗而入涅槃。入世不成，而求避世；避世不得，必求出世。三教殊途而同归，以不同的途径，为知识分子提供安身立命之所。王安石一代通儒，当其在政治上失意以后，转而寄情佛道，也是理有固然，势所必至，反映了中国封建时代知识分子思想发展的一般轨迹。苏轼指出王安石"少学孔、孟，晚师翟、聃"，指出了他的思想特征。

啸 歌 讴 吟

王安石不但是一个儒者，而且还是一个文人，和当时的理学家不同。他并不认为工于诗文是玩物丧志，一生写了大量的散文和诗歌。罢相赋闲的生活，为他的创作提供了充裕的时间和精力；同时，政治上的失落，心灵亦需要在诗词创作里得到寄托，如同在佛道里得到寄托一样，这就使他更加爱诗。故啸歌讴吟，成为他晚年半山园生活的一个十分重要的内容。他的《同长安君钟山望》说："解装相值得留连，一望江南万里天。残雪离披山韫玉，新阳杳霭草含烟。余生不足偿多病，乐事应须委少年。惟有爱诗心未已，东归与续棣华篇。"表达了他与诗文难分难解的情缘。

王安石晚年的啸歌讴吟，在内容上与他早年以诗论事议政、咏史抒情、怀古砭今不同，是以写景抒情、咏物言志、怀古伤今为主。他由早年推敬杜甫转为崇尚渊明，诗风由热烈变为恬淡。赋闲半山园的生活，既是他人生的转折点，亦是他诗歌创作的转折点。

写景。半山园地处钟山之麓，自然景色绝佳。赋闲的生活，使他远离了政治，也把他融进了自然。他的《金陵绝句》之一说："水际柴门一半开，小桥分路入青苔。背人照影无穷柳，隔屋吹香并是梅。"《书湖阴先生壁》之一说："茅檐长扫净无苔，花木成畦手自栽。一水护田将绿绕，两山排闼送青来。"《木末》之一说："木末北山烟冉冉，草根南涧水泠泠。缫成白雪桑重绿，割尽黄云稻正青。"《南浦》之一说："南浦东冈二月时，物华撩我有新诗。含风鸭绿粼粼起，弄日鹅黄袅袅垂。"王安石的这些写景诗，诗中有画，画中有诗，清新、自然，韵味无穷。

咏物。咏物是王安石晚年啸歌讴吟的又一重要内容。物无善恶是非，但一经讴吟品题，物就人化了。故咏物可以言志，可以寄兴，可以抒怀。他的《梅花》说："墙角数枝梅，凌寒独自开。遥知不是雪，为有暗香来。"《池上看金沙花数枝过酴醿架盛开二首》说："午阴宽占一方苔，映水前年坐看栽。红蕊似嫌尘染污，青条飞上别枝开。"《北陂杏花》说："一陂春水绕花身，花影妖娆各占春。纵被春风吹作雪，绝胜南陌碾成尘。"《荷花》说："亭亭风露拥川坻，天放娇娆岂自知。一舸超然他日事，故应将尔当西施。"《杏花》说："垂杨一径紫苔封，人语萧萧院落中。独有杏花如唤客，倚墙斜日数枝红。"《木芙蓉》说："水边无数木芙蓉，露染燕脂色未浓。正似美人初醉著，强抬青镜欲妆慵。"王安石的这些咏物诗，词句清丽，立意精巧，寄托了自己的人格和人生理想。

怀古。怀古是王安石诗歌的重要题材。退居半山园以后，由于诗风的变化，这类题材写得不多。但金陵毕竟是六朝古都，人文荟萃，史迹众多，睹物易于生情，感今亦易怀古。故在安石晚年的讴吟里，亦有怀古之作。《谢安墩》之一说："谢公陈迹自难追，山月淮云衹往时。一去可怜终不返，暮年垂泪对桓伊。"《金陵绝句》之一说："结绮临春歌舞地，荒蹊狭巷两三家。东风漫漫吹桃李，非复当时仗外花。"《辱井》说："结绮临春草一丘，尚残宫井戒千秋。奢淫自是前王耻，不到龙沈亦可羞。"王安石的这些怀古诗，既自然又深刻，富有历史的智慧，给人警示。

总之，啸歌讴吟，构成了王安石晚年赋闲生活极其重要的部分。在内容上，王安石晚年的讴吟虽不及早年广阔丰富，在艺术上却达到了出神入化的境界。这就是为什么作为改革家的王安石在后世有很大的争议，而作为文学家、诗人的王安石，却得到包括他政治上的反对者在内的所有读者一致肯定的原因。

删定《字说》

熙宁年间，王安石为了给变法提供理论根据，一直从事重新解释儒家经典的工作；而为了给儒家经典提供文字训诂方面的依据，又从事文字的训释工作。熙宁五年（1072）正月，安石留对，神宗要他进所著书，安石说自己的著述多未成就，"止有训诂文字，容臣缀辑进御"。这里所说的"训诂文字"，就是指《字说》，只是当时还没有删改定稿。

此后，安石设局置官，进行《三经新义》的释训，对先儒传注皆废弃不用，而下以己意，别创新义。三书在熙宁八年六月完成。《字说》虽着手较早，但当时忙于政务，没有删定。安石罢相赋闲金陵以后，才着手删定《字说》。

在汉代，许慎以六书解说文字，先说字义，再说字的形体构造及其读音和意义，撰写了我国第一部系统分析文字和考论字源的《说文解字》，但《说文解字》屡经传写，讹误颇多。安石认为许慎对文字的训诂考据，还不完备，亦有错误，必须另创新说。

王安石认为，文字虽为人所制，但实质出于自然，无论是字位、字形、字声、字义，皆是自然，并非人的任意创造。故说文解字，须据其自然之位、形、声、义而析其内容，解其意义。

世传王安石著《字说》，是在定林寺昭文斋里进行。朱熹说："荆公作《字说》时，只在一禅寺中。禅床前置笔砚，掩一龛灯。人有书翰来者，拆封皮埋放一边。就例禅床睡少时，又忽然起来写一两字，看来都不曾眠。"其工作是很艰苦的。

元丰三年（1080），王安石《字说》成，非常高兴。作《成字说后与曲江谭君、丹阳蔡君同游齐安》说："据梧枝策事如毛，久苦诸君共此劳。遥望南山堪散释，故寻西路一登高。"谭掞和蔡肇都是安石的门人，安石说文解字，成洋洋二十四卷，事繁而杂，工巨而细，事如牛毛，没有门人的参加，是很难成功的。故经年辛劳，一旦事成功毕，自然要与门人散散心，游齐安，登南山，领略一番自然风光。

王安石的《字说》，今已不传，我们无从知道它的全貌。但《字说》在当时产生很大的影响则是事实。《宋元学案·王临川先生安石》称王安石"晚岁为《字说》二十四卷，学者争传习之"，即是证明。

应该指出，安石著《字说》，固然是为了向神宗交差，即熙宁五年（1072）正月所说"容臣缀辑进御"，但也说明安石虽已退出政治舞台，却依然忘不了熙宁事业。

晚 年 交 游

与朋友相往来，也是王安石晚年生活的重要内容。只是，他晚年的交游不同于昔日执政时的交游。

安石赋闲金陵，往来较密切的往日变法派人士只有吕嘉问。吕嘉问字望之，泰州人，以先世做官而步入仕途，熙宁年间任户部判官，提举市易司。安石推行市易法，嘉问出力甚多。安石罢相居金陵，嘉问于熙宁十年（1077）十月被贬谪到江宁当知府，二人又同处一地，彼此过从甚密。安石《招吕望之使君》说："潮沟东路两牛鸣，十亩潋滟一草亭。委质山林如许国，寄怀鱼鸟欲忘形。纷纷易变浮云白，落落谁钟老柏青。尚有使君同好恶，想随秋水肯扬舲。"在诗里，安石显然是把吕嘉问引为同调的。元丰二年（1079）秋，嘉问改知润州。安石作《闻望之解舟》相送，对望之的离去，表达了恋恋不舍之情，又对他多所劝勉。元丰三年，嘉问改知临江军，过金陵谒安石，安石又与他同上东岭，又邀他至家中畅叙，并作《邀望之过我庐》言志。嘉问虽然还在仕途奔波，但安石仍然把嘉问引为知己。后嘉问离金陵，安石又作诗相送。可以说，在熙宁变法派人物里，嘉问与王安石的关系是始终如一的。

对于从前的一些政敌，安石在罢居金陵后，也是前嫌尽释，不计恩怨，特别对苏轼，更是如此。元丰七年初夏，苏轼由黄州授汝州团练副使，本州安置，过金陵谒安石。安石热情接待，交游逾日，唱和甚多。安石与苏轼虽在熙宁年间政争甚烈，安石还打击和贬谪过苏轼，但彼一时也，此一时也，时过境迁，昔日之争，付之一笑而已。苏轼在《与滕达道书》中言其金陵之行说："某到此时见荆公，甚喜。时诵诗说佛也。"不谈政治，只诵诗说佛，王、苏二人的心灵得到了深深的契合，友谊也前所未有地加深了。

安石赋闲金陵，交往比较多的另一类朋友是地方处士。这些人不事科举，放浪形骸，孤介寡合，独来独往。在安石当权时，他们绝不与之交，而在安石罢相后，则与之交往甚密，其中有俞秀老、俞清老、杨德逢等人。

俞秀老名紫芝，金华人，少有高行，终生未娶，信佛日深，而工于诗作。安石居金陵，尝引俞秀老为知己，此意多见于他这一时期的诗。《示俞秀老》之一说："缭绕山如涌翠波，人家一半在烟萝。时丰笑语春声早，地僻追寻野兴多。窣堵朱甍开北向，招提素脊隐西阿。暮年要与君携手，处处相烦作好歌。"又《次俞秀老韵》说："解我葱珩脱孟劳，暮年甘与子同袍。新诗比旧增奇峭，若许追攀莫太高。"这些诗无一不表露出他与俞秀老的相知之情。

安石与俞清老的交游亦甚为密切。俞清老是俞秀老的弟弟，亦终身不娶。滑稽善谐谑，能音律，善歌，深受安石的喜爱。清老欲出家为僧，王安石舍宅为寺后，就打算让清老奉香火于半山寺，并且给他取了紫琳的僧名。只是清老生性放荡，难受佛门的约束，故依然"儒冠自若"。黄庭坚《书王荆公骑驴图》说，荆公晚年删定《字说》，出入百家，语简而意深。常以平生精力尽于此书，好学者从之请问，口讲手画，常至千余言。俞清老常冠秃巾，衣扫塔服，抱着《字说》，追逐荆公之驴，往来于法云、定林、八功德水和逍遥亭上。可见安石和清老之游甚是浪漫。这种浪漫之游，只有在罢相居家、不拘礼法时才有可能。

除了隐士，还有一类，即所谓白衣地主，和安石的关系也很密切。这可以湖阴先生为代表。湖阴先生姓杨，名德逢，又名骥德，宅居江宁府上元县城东北隅，与安石是乡邻。湖阴先生与一般世俗人士不同的是，他崇尚清淡，喜欢与名士交往。安石赋闲金陵，与湖阴交往亦很频繁。尝作《元丰行示德逢》《过杨德逢庄》等诗，记其主持农事的生活。他常到湖阴家做客，有时亦招湖阴来家畅谈。安石晚年以超然物外自居，与湖阴汲汲于农事不同，但他又认为，"处世但令心自可，相知何籍一刘龚"。他与湖阴虽然志趣不同，但相知甚深，过从甚密。

比较起来，安石晚居金陵，相与交往最多的还是僧人。僧人超然物外，绝世遁俗，与争名于朝、争利于市的儒学之士绝异。与僧人交往，对于历经政治风波的王安石来说，有如呼吸清新空气一样精神振奋。他的《赠僧》说："纷纷扰扰十年间，世事何尝不强颜。亦欲心如秋水静，应须身似岭云闲。"又有《与北山道人》说："莳果疏泉带浅山，柴门虽设要常关。别开小径连松路，祇与邻僧约往还。"可见他与僧人的契合。安石与僧人的交往非常广泛，他与当时金陵的所有名僧几乎都有接触。他慕报恩大师西堂方丈的诗说："檐花映日午风薰，时有黄鹂隔竹闻。香炉一炉春睡足，上方车马正纷纷。"赞定林安大师的诗说："道人深北山为家，宴坐白露眠苍霞。手扶棁杖虽老矣，走险尚可追麔麚。"誉白云然大师的诗说："白首一山中，形骸槁木同。苔争庵径路，云补衲穿空。尘土随车辙，波涛信柂工。昏昏老南北，应谢此高风。"称道光大师的诗说："秋雨漫漫夜复朝，可嗟蔀屋望重霄。遥知宴坐无余念，万事都从劫火烧。"又寄道光法师的诗说："欲见道人非一朝，杖藜无路到青霄。千岩万壑排风雨，想对铜炉柏子烧。"可见他与僧人情谊之深，交往之多。安石晚年和僧人的频频交往，是他思想佛老化的反映，与唐柳宗元的思想发展有着相似的轨迹。

生病与逝世

元祐元年（1086）春，安石已在病中。这一年安石作有《谢宣医札子》，从札子来看，安石这次的病是背疮和风气，朝廷曾派医官来江宁疗治。但身体的衰弱和精神的痛苦，使他的病情日渐加重。元祐元年四月初六，安石病逝于金陵，享年六十六岁。

葬礼是冷冷清清的。张芸叟曾作《哀王荆公》诗，共四首："门前无爵罢张罗，玄酒生刍亦不多。恸哭一声唯有弟，故时宾客合如何？""乡间匍匐苟相哀，得路青云更肯来？若使风光解流转，莫将桃李等闲栽！""去来夫子本无情，奇字新经志不成。今日江湖从学者，人人讳道是门生！""江水悠悠去不还，长悲事业典刑间。浮云却是坚牢物，千古依栖在蒋山！"可见安石死时，除了安礼、安上兄弟外，其他门生故吏都生怕牵累，没有来吊唁。张芸叟名舜民，邠州人，治平年间进士，为襄乐令。熙宁年间王安石变法，他上书反对新法。元丰四年（1081）被劾，谪监郴州酒税，司马光当政后被起用，荐为监察御史。就连这样一位反对新法的人，亦深深同情安石死时的清冷，对其门生故吏深表不满，世态炎凉，人情冷暖，可见一斑。

王安石的死在他的反对派中引起了震动。安石的死讯传到开封后，司马光即写信给吕公著说："介甫文章节义过人处甚多，但性不晓事而喜遂非，致忠直疏远，谗佞辐辏，败坏百度，以至于此。今方矫其失，革其弊，不幸介甫谢世，反复之徒必诋毁百端，光意以谓，朝廷宜优加厚礼，以振起浮薄之风。苟有所得，辄以上闻。不识晦叔以为如何。更不烦答以笔札，庶前力言则全仗晦叔也。"在这封信里，司马光对王安石的政治主张作了明确的否定，而对其道德文章作了肯定。后世论者，常以此指责司马光对王安石的否定。其实司马光是无可指摘的，作为王安石的政敌，其政治态度当然和王安石不同，司马光原先是这样，现在还是这样，光明磊落。他对王安石并不从意气出发，而是在否定其政治主张的同时，肯定其节义文章，肯定其人格和文格，这说明他对王安石的评价不以政见的异同为标尺，不以同我者是，异我者非，这是难能可贵的。后人不应认为司马光所谓的"反复之徒"即是指变法派人物。"反复之徒"变法派里有，反对变法派里亦有，这些人翻手为云，覆手为雨，说不上究竟是忠于新法还是忠于旧法，他们的价值取向全看对自己有利还是无利。司马光建议朝廷优加厚礼王安石，以"振起浮薄之风"，也不是针对变法派，而是针对社会风气，特别是针对此时借反对新法和诋毁王安石而投机钻营的人。当王安石逝世，原先的反对派上台的时候，可以说投机新法的人已不多见，而投机反对新法的人则比比皆是。

这一年，吕陶在一份奏疏里说，京都的诸生在听闻王安石的死讯后，欲设斋致奠，而国子司业黄隐辄形忿怒，声言"将绳以率敛之法"，并"讽谕其太学诸生，凡程式文字不可复从王氏新说，或引用者类多黜降"。吕陶认为，弟子为师设斋致奠，是情理中之事；而经义之论，无古无新，以当为贵，问题是要审择，而不必是古非今。黄隐身为国子司业，只以附会执政为是，不以道德教化为任，是不称职，宜罢其职任。应该说，在王安石死时，像黄隐那样附会执政，以诋毁王安石为进身之阶的人是很多的。司马光给吕公著的信中预见到这种情况是很有意义的，不能认为他只是为了否定王安石。

苏轼则代表哲宗皇帝撰《王安石赠太傅制》，其文说："朕式观古初，灼见天命：将有非常之大事，必生希世之异人，使其名高一时，学贯千载；智足以达其道，辩足以行其言；瑰玮之文，足以藻饰万物，卓绝之行，足以风动四方；用能于期岁之间，靡然变天下之俗。故观文殿大学士、守司空、集禧观使王安石，少学孔、孟，晚师瞿、聃；网罗六艺之遗文，断以己意；糠秕百家之陈迹，作新斯人。属熙宁之有为，冠群贤而首用。信任之笃，古今所无。方需功业之成，遽起山林之兴。浮云何用，脱屣如遗。屡争席于渔樵，不乱群于麋鹿。进退之际，雍容可观。朕方临御之初，哀疚罔极。乃眷三朝之老，邈在大江之南。究观规模，想见风采。岂谓告终之问，在予谅暗之中，何不百年，为之一涕。於戏，死生用舍之际，孰能违天，赠赙哀荣之典，岂不在我。是用宠师臣之位，蔚为儒者之光。庶几有知，服我休命。"苏轼的这篇制词代表了朝廷的看法。制词回避了当时争议甚大的熙宁新法问题，着重从道德文章、经学才识等方面肯定了王安石，从而使持各种政治态度的人都可以接受。

—————第7章—————

当代对王安石的评价

历史上王安石是一个最有争议的人物。人们对王安石变法的看法不同，对王安石的评价也就不同。概括起来，无非三种：肯定，否定，肯定和否定参半。

肯 定 评 价

当代学者大多对王安石给予积极的、肯定的评价。这种肯定的评价，是建立在肯定王安石新法的基础上的。漆侠先生的《王安石变法》是肯定王安石的代表作。

《王安石变法》高度称赞王安石的个性和为人，认为反对派概括的"天命不足畏，祖宗不足法，流俗不足恤"，最能说明王安石的个性。"王安石就是这样一个人物：他不信什么'天命'，只知道依靠人们的努力，发挥人们的主观能动作用，去战胜不管是自然灾害还是人为的困难，他在很多方面打破了'祖宗'法制的格局，制定了适应时代要求的法令，而正是这些法令才维护了'祖宗'法制已经无法维护的专制统治局面；为了使这些法令得到实施，从而改变百年来积贫积弱的形势，使自己的国家臻于富强的境地，王安石不仅是日夜孜孜地进行筹措，而且更加重要的是他以刚毅不拔的斗志，反击了维护豪强兼并利益的士大夫亦即'流俗'们的进攻。王安石是站在地主阶级和专制主义统治的立场上进行活动的，但是他的活动的若干方面，也体现了经济发展的要求和劳动人民的某些意愿。王安石是以杰出的政治家和思想家这样的称号，同自己的名字连在一起，铭刻在祖国的光辉历史上的。伟大的革命导师列宁就曾经指出，'王安石是中国 11 世纪的改革家'。"

对于王安石变法，此书认为："王安石提出在发展生产的基础上导致国家富强的改革主张，最能适应地主阶级的广泛利益，而且在某些方面还符合劳动人民的要求和经济发展的趋势，因此王安石所提出的改革主张，就成为变法派的政治纲领。"它的目标，是用抑制豪强和相对减轻剥削的办法，稳定中下层地主的地位；用发展生产和均平赋税的办法，解决国家所面临的财政困难；以加强国家防御能力的办法，改变对辽夏的妥协，扭转赵宋王朝百年来的积贫积弱局面。因此，"它是地主阶级的一个自救运动"。王安石同反对派的斗争，是统治者内部不同政治主张的斗争，以王安石为代表的变法派是进步的，而以司马光为代表的反变法派则是反动的。

该书提出，王安石变法获得的成就表现在四个方面：首先，它加强了宋朝的封建统治，大大改变了宋朝的积贫积弱局面，改变了宋王朝在辽和西夏面前老是挨打的被动局面。其次，这次变法，多多少少调整了封建经济关系。特别是王安石变法把理财和发展生产联系起来，采用赋税相对均平的方针解决财政困难，这就既增加了政府财政收入，又不直接加重劳动人民的负担，故劳动人民是支持这次变法改革的。再次，它多少改善了劳动人民的生活。垦辟荒地的法令增强了农民开垦土地的主动性，变法限制了豪强，使自耕农的生产和生活趋于稳定。国家赋税的相对均平，以及残余劳役制的缩小，减轻了广大农民破产的威胁，等等。最后，它促进了社会生产的发展，变法派执行了一些有利于生产的措施，使农业生产、手工业生产以及商品货币关系都有相应的发展。也就是说，王安石变法的结果，推动了社会生产力的发展。这就是人们说王安石变法具有进步作用的原因所在。当然，王安石变法最终是失败了，但"王安石变法派的失败，无疑是历史上一个进步力量的失败"。

与漆侠先生相类似，邓广铭先生亦积极肯定王安石变法。邓先生认为，变法派特别是王安石具有厚今薄古的精神和励精图治的精神，具有勇于任责的作风。这种作风"同战国法家吴起在楚国做令尹时那种'言不取苟合，行不取苟容，义不顾毁誉，必欲霸主强国，不辞祸凶'的作风是完全相同的"。邓先生甚至不同意把王安石变法称为改良主义，或是"地主阶级的一个自救运动"。他说："王安石是被列宁称作中国的改革家的，而对于什么是'改革'，列宁在《俄国的资产阶级和俄国的改良主义》这一著作中也作了明确的解说：'改革只能是完全不带改良主义的任何狭隘性的运动的附带结果。'可见，对于既已荣获了'改革家'这一称号的王安石，无论如何，是不能再称之为改良主义者的。"

邓先生高度称誉王安石变法，认为这次变法具有一定进步意义。王安石和变法派所制定的一系列新法，或多或少收到了成效："农田水利法的推行，使各地都大量兴建疏浚了陂塘堤堰等水利灌溉工程，单是京西路的襄、唐诸州，就因此而把三万多顷荒地垦辟为良田；而且修治河北诸河，使其大致都能循河道流行，所出'退滩地'及用河中泥沙溉淤的土地多达四万余顷，开封府界诸河沿岸实行淤田的结果，每年增收的谷物也达数百万石。青苗法的推行，由政府以低利率出贷钱粮，使农户都可及时地从事于耕种和收敛，而不再忍受兼并之家的高利贷盘剥。募役的推行和差役的废除，使得一大批'力田之民，脱身于公'，回到农业生产岗位上去，使尽可能多的人能够'尽其力'，自然也就会使得尽可能多的土地能够'尽其利'。"

邓先生还认为，这次变法虽说集中了巨额的钱币，但这些钱中，不论是"广储蓄，救灾荒，兴田利或振贫弱，总都是直接或间接与农业生产和农民生活发生关系的"。这样的事实，甚至连反对王安石最力的人士也无法加以非议。故"新法符合了经济发展的精神和方向，它们的实施就会多多少少使封建社会生产发展的迟滞进程稍得加速"。这样，邓先生亦和漆先生一样，认为王安石变法多少推动、促进了当时社会的生产，所以对它作了积极的肯定的评价。

否 定 评 价

当代学术界多数学者是肯定王安石及其变法的，但否定王安石变法的亦不乏其人。1957年，蒙文通先生曾发表文章说："免役青苗多是刻薄贫民，维护地主官僚利益，是最反动的。"蒙先生完全否定王安石变法。

与蒙先生同声相应的，是王曾瑜先生。1980年，王先生发表论文，认为评价王安石变法，首先有一个依据什么原则的问题，是依据言论还是依据行动，是依据动机还是依据效果，这是一个根本的原则问题。王安石无疑是发表了不少"摧制兼并，均济贫弱"的言论，也写过一些反映民间疾苦的诗，在他的变法令上，也往往有"凡此皆以为民"的冠冕堂皇的话，但是这不能作为评价他变法的依据。因为这一类话，不但王安石说，宋太宗、司马光等人都说，宋太宗甚至还主张过恢复井田，但没有人信以为真。因此要从行动和客观效果上来看王安石的变法。

王先生首先分析了免役、青苗和保甲三法。对于免役法，王先生说："王安石推行免役法的口实，是说有些民户因当差服役赔钱破产，役法已到非改革不可的地步，然而这个事实毕竟不能掩饰另增新税的真实意图。"原来的差役只是乡村上等户的事，现在改差役为雇役，征收免役钱，可以说没有任何理由向乡村下户征收，可是王安石却征收了。当时，"除开封府外，各地乡村下户被变法派很普遍地强加了役钱负担，应是确凿的史实"，这就根本谈不上"均济贫弱"。因此，我们不能为他们漂亮的言辞所迷惑，必须通观免役法颁布的前后变迁，了解他迫令乡村下户纳役钱的真正目的。"王安石在免役法中耍的花招是最多的，他并非在颁令于始即将底蕴和盘托出，而是通过很多迂回曲折的手法，出尔反尔，以达到最初设计的目的。"

青苗法也是这样，他打的是"散惠兴利，以为耕敛补助"的旗号，事实上是行聚敛的目的。实际上并没有抑制兼并、均济贫弱的功能。第一，它事实上是由兼并之家把持了青苗钱的借贷。第二，青苗钱的高利不亚于民间高利贷。第三，对于人民来说，即令愿借青苗钱的，也无异于饮鸩止渴，因此"变法派所谓要以青苗法打击高利贷，纯属欺人之谈，青苗法绝非对广大农民的仁政，只是加强了搜刮"。更何况，免役法和青苗法都要纳钱，这就造成了钱荒，"他们利用钱荒之机，强迫农民在纳苗、役钱时大量支付钱币（**折纳实物仅属少量的例外**），用以增加宋廷的实际收入"。

保甲法更糟。王先生认为，王安石推行保甲法的目的有三：一是"除盗"；二是"与募兵相参"，部分恢复征兵制；三是"省养兵财费"。"关于保甲法除盗的种种措施，是上承商鞅的令民为什伍，而相收司连坐"，最后启迪了蒋介石的保甲法，"任何一个公正的史学家，是不会为这种反动、血腥的法令辩解的"。而部分恢复征兵，为的也是消弭土兵起义，说不上有任何值得称道的进步因素。相反，由募兵制到征兵制的倒退，只能给人民带来灾祸。而且在实行保甲法的整个过程中，都没有节省养兵财费，人民的赋税负担都是

176

有增无减。因此，"不论从哪个方面和角度看，保甲法只能是毫无进步因素可取的很反动的法令"。

至于其他法令，也具有同样的性质。保马法的基本精神是把牧地分给农户，收取租税，将官马散给农户，而责其繁殖交官，如官马病死，就要赔偿，否则要判刑。"可见保马法具有加强剥削和镇压的双重作用，而官府既节省了养马的费用，又得到牧地地租的大笔收入，可谓一举两得。"

市易法名义上打击富商大贾，而事实上是"封建官营的垄断性商业机构"。市易法确实剥夺了大商人的垄断经营，却建立了官府的垄断经营，它处于封建社会发展后期的宋代，"就只能阻碍商品经济的正常发展，是不折不扣的倒行逆施"。

学校科举的改革，把诗赋取士改为儒家经义取士，"如果从为封建皇朝取士的角度看，科举考试用经义自然胜于诗赋，但是，如果从中国封建时代思想文化史和教育史的角度着眼，则以经义取代诗赋，绝不能说是科举制的进步"。王安石和其子王雱撰《三经新义》，将其他儒家流派视为异端邪说，这种推行王学的思想专断措施，"乃是禁锢思想自由的反动措施"。

均输法从条文上看有利于减少国家财政开支，但从史实来看，"均输后迄不能成"，并未见认真实行。方田均税法仅仅推行于局部地区，它的目的是平均赋税，但"依靠封建官僚机构，是不可能医治地主与农民赋税不均的痼疾"的。农田水利法虽然取得了某些成就，我们要肯定，但"也要作恰如其分的估计"。例如以铁龙爪和浚川耙浚理黄河，"就很难说有何功效可言"。"王安石勇于治河的积极性是可贵的，然而他偏听偏信，坚持用浚川耙等盲目蛮干，劳民伤财而无所获，也并不值得赞赏。"

而王安石支持的"熙河之役"，"实际上只是对弱小敌手的小胜"，"并没有根本改变对西夏的战略势态，而收到断西夏右臂的成效"。

总之，王安石熙宁新法推行的结果，虽然积累了财富，但"巨额财富的积累，显然不是发展生产的结果，而恰恰是'聚敛'的结果。可见王安石所谓'民不加赋而国用饶'，不过是自欺欺人的鬼话。如果要把熙丰时代的国库丰裕作为'治世'的标志之一，是不妥当的"。如此等等。

结　语

综上所述，我们认为，要正确地评价王安石，必须将评价王安石新法与评价王安石区别开来。评价王安石新法与评价王安石是不同的。我们的看法是，王安石新法必须否定，而王安石作为历史人物却必须肯定。

王安石新法为什么要否定呢？王安石制定新法的初衷是民不加赋而财用足，也就是发展农业生产，开辟国家财政税收来源。这就是有的学者一再指出过的，王安石把理财与发展生产联系了起来，不同于守旧派司马光的单纯节制开支的财政观点。以发展生产而增加财政收入，这可以说是王安石的高卓理想。但从整个熙宁新法来看，真正称得上发展农业生产的，只有农田水利一项，而其他的大部分，则是所谓理财，理财的实质就在于为政府增收赋税，依反对派的话说，就是敛财。在青苗、均输、免役、市易、保甲诸法里，王安石固然寄有高尚的理想，但从实际施行来看，却纯是聚敛：青苗法的本质，就是由政府出借高利贷，收取利钱；均输法的本质，是由政府控制运输，取得专利；免役法的本质，就是以钱代力，聚敛免役钱，如果真的是为减轻农户负担的话，正如王夫之所指出的，北宋所谓的力役，即唐代租庸调的庸，而唐代租庸调已演变为两税加以征收，就不应再有所谓的差役，而征收免役钱，以钱代役，乃是于两税之外又附征免役税；市易法的盐、茶、矾等专卖制度，基本做法就是由政府控制商业，获取最大的商业利润；方田均税法的本质，则在杜绝逃税行为，增加政府收入；如此等等。这些新法都没有涉及发展生产问题，也并不是在发展生产的基础上增加政府的收入，而只是单纯地敛财，就实行的结果看，也很难说这些法规促进了社会经济和生产力的发展。其中有些法规，如免役法以钱代力，比之原来的差役，应该说在客观上有促进商品经济发展的进步作用，但由于出现钱荒问题，一时又没有切实的措施加以解决，结果只有增加农户负担的消极作用。

可以说，由政府垄断商业是我国封建社会政治家解决政府财政危机的一种传统。汉武帝为了筹划抗击匈奴的经费，任用桑弘羊推行平准均输、盐铁官营等办法，为政府聚敛了大量的财富。这一做法虽然能为政府积聚财富，但弊病太多，例如官办盐铁，经办的官吏无不营私舞弊，中饱私囊，官营的结果，垄断了市场，造成盐铁的质量粗恶不堪，因此汉代盐铁官营至霍光就取消。王安石的新法，继承的即是汉代桑弘羊的传统，他不但把盐、茶、矾、铁等重要物资的经营权抓在政府手里，而且通过推行市易法把一般的商业经营权亦抓在政府手里，还通过青苗法和均输法使政府控制高利贷和运输。通过免役法为政府开辟两税外的新税源，通过方田均税法检查逃税和漏税，以增加收入，如此等等。如果说新法是抑阻兼并的话，它确实是抑阻了豪强富商的兼并，剥夺他们对市场、运输以及借贷的垄断。但是，它抑阻了豪强富商的兼并，却并没有让人民从中得到解脱，而是以政府的兼并代替了豪强富商的兼并，人民并未得到多少好处。有学者说新法得到了人民的支持，并没有什么史实根据。而以政府兼并代替豪强富商的兼并，其结果无疑是延缓了中国封建社会内部的资本主义因素的成长，故在客观上说，新法无积极意义可言。

如何看待变法派与反对派的矛盾斗争呢？熙、丰新旧两党的斗争，不能笼统地说是新、旧之间的矛盾和斗争。所谓变法自然是属于新的范畴，因为它要变古；而反对变法，自然是属于旧的范畴，因为它要保守旧有之物。故以新旧论，任何变法和反变法都可以说是新、旧的矛盾和斗争。熙宁王安石变法，司马光反对变法，可以说是新、旧的矛盾和斗争，而元祐更化和反对更化是不是也属于新、旧的斗争呢？如果是的话，该是司马光的更化属新的范畴，而反对更化的属于旧的范畴了，因为熙宁新法毕竟已施行了十七八年，此时的新、旧正好与熙宁年间的新、旧对换了位置，故以新、旧矛盾分析熙、丰政争并不能说明问题。

我们认为，王安石变法派和反对派的矛盾，反映了封建中央政府和人民之间的矛盾，或者说，是国和民之间的矛盾。这里的民，既包括农民，也包括地主。农民和地主当然是两个对立的阶级，地主要剥削农民，农民要反对地主的剥削，阶级利益是对立的。但是，在社会生活中，他们不只是有对立的一面，有时亦有其共同的一面。王安石新法要为政府积聚钱财，一方面要把地主阶级，特别是其上层即所谓兼并之家对市场、运输、高利贷的垄断权转移到政府手中，从而形成了新法和兼并之家的矛盾；另一方面新法也加重了农民的负担，例如，免役法规定原来不出差役的乡村和坊郭贫下户都要出免役钱，青苗法在抑配青苗钱中对贫下户亦进行搜刮，保甲法令有两个以上壮丁的贫下户都要出保丁，并且花费大量的时间从事训练。新法既要为中央政府积聚钱财，就不只是损害地主阶级特别是兼并之家的利益，而且也损害了广大农民的利益，这自然使他们对新法都采取不欢迎的态度。司马光等反对新法，并不是说就代表了农民的利益，而是在反对新法中和农民利益有一致性。

当然，这样说并不意味着只有变法派要维护封建王权，反对派并不想维护封建王权。其实，不管是变法派，还是反对派，都要维护封建王权，只是办法不同。

在解决国用的不足、维护封建皇权上，有两种不同的办法。变法派采用了开源的办法，反对派采取节流的办法。从理论上说，开源自然比节流好，因为开源是积极的，节流是消极的。无开源，谈何节流？但开源不当，即为聚敛。在新法推行过程中，就明显地出现这个弊端。节流虽然作用有限，不能解决根本问题，但不至伤民。在古代，法家是主张贫民富国，即主张聚敛的，而正统儒家则主张藏富于民。因此，王安石虽号称通儒，但所行新法又透露出法家气息，这就是反对派骂变法派为申韩的原因："尚法令则称商鞅，言财利则背孟轲。"变法派则指反对派为流俗，安常习故，罕能变通，"不识利害之情，而于君子立法之意有所不思而好为异论"。

我们已经论及王安石在执政前后思想的转变。王安石在任地方官期间，是反对政府专卖盐茶以获取高额利润的，如在知鄞县时反对官卖食盐，在初为度支判官时反对榷茶，此时，他是站在"民"的立场上来考虑问题，想得比较多的是民的利益。但是在任参知政事后，他却积极主张实行政府专卖制度，这时他是站在"国"的立场上来考虑问题，想得较多的是政府收入的问题。他的以理财为中心的熙宁新法，都是围绕着这一问题而来。司马光等人站在"民"的立场上，反对这一做法。其实，司马光在熙宁年间的思想立场也就是王安石在任地方官期间的思想立场。王安石在进入北宋最高统治核心后，这一由"民"到"国"的立场的转变，是异常明显的。

当然，熙、丰年间的变法派和反对派之间的斗争，亦夹杂了许多党同伐异的意气之争。吕本中的《杂说》载："正叔尝说新法之行，正缘吾党之士攻之太力，逐至各成党与，牢不可破。且如青苗事，放过何害?"这说明，两派的有些争议，本来是无谓的，纯是士大夫之间的意气使然。一旦新、旧两党的阵线拉开以后，只要新党主张的，旧党不问其意旨如何，就加反对，反之亦然。这种情况，在元祐以后更加明显。元祐更化，对变法之士的贬斥，就有党同伐异的因素；之后绍圣反元祐，更是变本加厉。当然，如果把整个变法派和反对派的斗争归结为意气之争，那也是不正确的，因为并不是先有新、旧两派的分野而后有新、旧两法之争，新、旧两派是在新、旧两法斗争的过程中形成的。也就是说，新、旧两派的斗争并不出于党派意气，党派意气伴随着新、旧两法之争而生。在整个斗争过程中，前期党派意气之争的味道较少，而后期党派意气之争的成分较多。

我们明白了王安石的新法只是为解决政府的财政问题，或者说只是为政府敛财，对于发展社会生产力、改善人民生活，并没有多少作用，因而其新法基本上可以否定。但这并不是说，王安石这一历史人物也可以否定。王安石一生的业绩是多方面的，其道德文章之高卓，即令是生前的政敌，如司马光等人也都不能不认为有过人之处。至于后世斥责王安石为奸邪小人者，只是中伤诋毁，没有讲出多少道理，世人多不在意。就是朱熹，虽然反对王安石新法，但依然把他列入《北宋名臣录》。元代修《宋史》，从表彰道学出发，固然对王安石多有诋毁，《宋史》把参与变法的吕惠卿、曾布、章惇等人列入奸臣传，却不敢把王安石列入其中。王安石作为有宋一代名臣，其道德志质，仍是儒者的楷模、封建士大夫的榜样，这是没有疑问的。至于王安石诗歌文章的精绝，在文学史上的崇高地位，后世更有公论，自不待言。

王安石新法，虽然只是为政府敛财，而且最终以失败告终，但他不满因循守旧、苟且偷安的精神和希望大有作为，改变有宋一代积贫积弱的思想则是值得肯定的。

应该认为，政治改革的精神、理想和改革的实践是两回事，可得而论的东西并不一定就可得而行。在宋代，李觏是一个富有改革理想的人物，他看到封建社会的根本问题是土地问题，看到了贫者"耕不免于饥，蚕不得衣"和富者"谷陈而帛腐"的阶级对立，提出了圣人治世必以"平土"，即以均田为先的改革主张。后世学者无不赞叹他思想的深刻，肯定他的改革理想。但是李觏以他所美化的《周礼》为根据提出的"平土"改革方案，却是不能实现的政治理想。均田是要国家把土地均分给无地或少地的农民，限制官僚贵族的农田，这在北宋中期封建统治秩序已经稳定下来的情况下，可能实现吗？如果一旦付诸实施，势必导致整个社会动乱。所幸的是李觏不曾执政，谈不上实施他的改革理想。李觏的改革方案虽不具实践意义，但并不妨碍其理论意义。同样，王安石的改革理想虽在实践中走了样，但这无损于他改革理想的思想意义。

宋代的范仲淹也是一个富有改革精神和改革理想的人物。他以"先天下之忧而忧，后天下之乐而乐"的儒者胸怀，于庆历年间向仁宗皇帝条陈十事。范仲淹的十事和王安石的新法有相类似的地方。范仲淹的改革虽然具有可行性，也得到仁宗皇帝的采纳，但付诸实施后，很快就遭失败，范仲淹也被贬谪出京，由于失败得快，没有激成时论纷纷、天下骚动的局面。试想，如果范仲淹也像王安石那样，得到皇帝的专任，孤勇直前地推行他的改革方案，其结局能比王安石好吗？范仲淹当然也是站在巩固皇权的立场上进行改革活动的，并不是为改善农民生活而进行改革，而且也遭到了失败，但这并不妨碍后世人们肯定他的历史地位。我们可以肯定范仲淹，当然更应该肯定王安石。

因此，王安石新法虽不可取，但王安石依然是中国历史上著名的改革家。

附录

年　谱

1021年（天禧五年）　十一月十二日生于临江军府治维
　　崧堂。

1027年（天圣五年）　随父在四川新繁。

1029年（天圣七年）　随父在京。

1030年（天圣八年）　随父在韶州，开始识字。

1033年（明道二年）　祖父逝世，随父回临川居丧。

1036年（景祐三年）　随父赴京。

1037年（景祐四年）　父王益通判江宁府，随父在江宁。

1039年（宝元二年）　王益卒于官，年四十六。在江宁居丧。

1041年（庆历元年）　居丧期满，入京应进士试。

1042年（庆历二年）　登杨寘榜进士第四名，签书淮南
　　判官。

1043年（庆历三年）　回临川省亲。

1044年（庆历四年）　在淮南府治扬州。长子王雱生。

1045 年（庆历五年） 秩满离扬州。

1046 年（庆历六年） 在京师，任大理评事，奉命出京视察。

1047 年（庆历七年） 调知鄞县。

1050 年（皇祐二年） 秩满离鄞，归临川探亲。

1051 年（皇祐三年） 通判舒州。

1053 年（皇祐五年） 奉旨到舒州考察水灾形势。

1054 年（至和元年） 秩满离舒入京，任群牧判官。

1055 年（至和二年） 在京任群牧判官。

1056 年（嘉祐元年） 在京师，年底改职提点开封府界诸县镇公事。

1057 年（嘉祐二年） 知常州。

1058 年（嘉祐三年） 自常州移提点江南东路刑狱。

1059 年（嘉祐四年） 提点江南东路刑狱，秋，召为三司度支判官。

1060 年（嘉祐五年） 春，奉诏伴送契丹使臣回国。

1063 年（嘉祐八年） 母吴氏卒于京师，归葬江宁蒋山。

1064 年（治平元年） 在江宁居丧。

1065 年（治平二年） 在江宁居丧，七月服除。

1066 年（治平三年） 在江宁教学、著述。

1067 年（治平四年） 英宗崩。王雱登进士，安石出知江宁府。

1068 年（熙宁元年） 诏安石越次入对。

1069 年（熙宁二年） 以安石为参知政事。创设制置三司条
　　　　例司，立均输法，颁农田水利法。

1070 年（熙宁三年） 参知政事，颁青苗法，立保甲法。

1071 年（熙宁四年） 罢诗赋及明经诸科，以经义策论取
　　　　士，行免役法。

1072 年（熙宁五年） 颁市易法，行保马法、方田均税法。

1073 年（熙宁六年） 置经局，以王韶复熙河、洮岷、叠宕
　　　　等地，神宗赐安石玉带。

1074 年（熙宁七年） 安石提出解除机务，得神宗同意，出
　　　　知江宁府。

1075 年（熙宁八年） 神宗再命安石为相。

1076 年（熙宁九年） 王雱卒。安石又请解机务，罢判江
　　　　宁府。

1077 年（熙宁十年） 居钟山。

1079 年（元丰二年） 营居半山园。

1080 年（元丰三年） 封为荆国公。

1084 年（元丰七年） 以所居园屋为僧寺，又将田割给蒋山
　　　　太平兴国寺。

1085 年（元丰八年） 神宗崩，皇太子即位，司马光为门下

侍郎。

1086年（元祐元年）四月病逝于金陵，享年六十六岁。

主 要 著 作

王安石学问渊博，生平著述甚丰，但由于北宋以来的政争以及学术思想的流变，他的大部分著作或者佚失，或者散佚不全，至今保存完好的有：

1.《洪范传》一卷。《资治通鉴长编》卷二一六言，熙宁三年（1070）十月王安石进《洪范传》。故此书写成当在熙宁三年以前。《洪范传》比较集中地反映了王安石的哲学思想，现收入《王文公文集》和《临川先生文集》。

2.《王文公文集》一百卷。此书是王安石最主要的著作，收有王安石的绝大部分诗文。最早刊印于宋，日本宫内省图书寮藏有残本《王文公文集》七十卷。1962年，中华书局曾以上海博物馆的藏本为基础，缺者以日本宫内省图书寮残本为补充，影印出版。

3.《临川先生文集》一百卷。此书为王安石的另一种文集，编次与《王文公文集》不同，所收王文公诗文大致相同，但亦互有缺漏，二者可以互相补辑。1958年，中华书局上海编辑所以绍兴十年詹大和桐庐刊本为底本，并用其他刊本校勘，将《临川先生文集》重印行世。

原书散佚后世有辑本的有：

1.《周官新义》二十二卷。此书为王安石的《三经新义》之一，为王安石亲撰，元、明以后渐渐散佚。明初编《永乐大典》，对《周官新义》有采录。

2.《毛诗新义》二十卷，此书亦为王安石《三经新义》之一，为王安石与其子王雱所合撰。此书在后世散佚，其片段见于宋以后各书所引。

3.《老子注》二卷。此书是王安石重要哲学著作，后世佚失。今人容肇祖根据古籍保存此书的部分内容，编成《王安石老子注辑本》。

王安石佚失的著作甚多，据高克勤《王安石著作考》，主要有如下几种：

1.《尚书新义》十二卷。此书为王安石《三经新义》之一。由王安石提举，其子王雱撰。

2.《易解》二十卷。此书晁公武《郡斋读书志》卷一、陈振孙《直斋书录解题》卷一皆有著录。

3.《论语解》十卷。

4.《孟子解》十四卷。

5.《字说》二十四卷，后世他书引用中保留部分内容。

6.《左氏解》一卷。

7.《熙宁奏对日录》七十八卷,《宋史·艺文志》有著录。

8.《时政记》。

9.《送伴录》,《宋史·艺文志》有著录。

10.《淮南杂说》二十卷,《宋史·艺文志》有著录。

11.《庄子解》四卷。

12.《扬子解》一卷。

13.《维摩诘经注》三卷。

14.《金刚经注》。

15.《楞严经解》十卷。